Isadora Rodrigues
Moreira da Silva
Otavio Zucon

MÚSICA
distribuição, direitos autorais
e oportunidades

Rua Clara Vendramin, 58 . Mossunguê
CEP 81200-170 . Curitiba . PR . Brasil
Fone: (41) 2106-4170
www.intersaberes.com
editora@intersaberes.com

Conselho editorial
Dr. Alexandre Coutinho Pagliarini
Dr.ª Elena Godoy
Dr. Neri dos Santos
M.ª Maria Lúcia Prado Sabatella

Editora-chefe
Lindsay Azambuja

Gerente editorial
Ariadne Nunes Wenger

Preparação de originais
Gilberto Girardello Filho

Edição de texto
Caroline Rabelo Gomes
Letra & Língua Ltda. - ME
Palavra do Editor

Capa e projeto gráfico
Charles L. da Silva (*design*)
Andre Devereux/Shutterstock
(imagem)

Diagramação
Fabio V. da Silva

Equipe de *design*
Charles L. da Silva
Silvio Gabriel Spannenberg

Iconografia
Regina Claudia Cruz Prestes

Dados Internacionais de Catalogação na Publicação (CIP)
(Câmara Brasileira do Livro, SP, Brasil)

Silva, Isadora Rodrigues Moreira da
  Música : distribuição, direitos autorais e oportunidades /
Isadora Rodrigues Moreira da Silva, Otavio Zucon. -- Curitiba, PR :
InterSaberes, 2024.

  Bibliografia.
  ISBN 978-85-227-0800-0

  1. Direitos autorais - Canções e música - Brasil 2. ECAD
(Organização) 3. Música - Comercialização 4. Música e Internet
5. Tecnologia streaming (Telecomunicação) - Legislação I. Zucon,
Otavio. II. Título.

24-200338   CDD-780.981

Índices para catálogo sistemático:
1. Brasil : Música   780.981

Cibele Maria Dias - Bibliotecária - CRB-8/9427

1ª edição, 2024.

Foi feito o depósito legal.

Informamos que é de inteira responsabilidade dos autores a emissão de conceitos.

Nenhuma parte desta publicação poderá ser reproduzida por qualquer meio ou forma sem a prévia autorização da Editora InterSaberes.

A violação dos direitos autorais é crime estabelecido na Lei n. 9.610/1998 e punido pelo art. 184 do Código Penal.

SUMÁRIO

7   Apresentação
9   Como aproveitar ao máximo este livro

Capítulo 1
14   Da perda da aura à nova desmaterialização: a evolução da música quanto ao armazenamento

15   1.1 O acesso à música até o final do século XIX
19   1.2 Aparelhos de reprodução: do fonógrafo ao gramofone
23   1.3 Gramofones e discos de goma-laca e de baquelite
25   1.4 A chegada do *long playing* em vinil e o surgimento do álbum
29   1.5 Era digital: do *compact disc* ao MP3
35   1.6 Compartilhamento musical pelos serviços de *streaming*

Capítulo 2
52   Reprodução e distribuição musical

53   2.1 Gravação mecânica
55   2.2 Gravação analógica *versus* gravação digital

62 2.3 Tecnologias da mídia de massa
68 2.4 Meios tecnológicos e midiáticos

Capítulo 3
79 **Relações jurídicas entre direitos autorais e direitos conexos**

80 3.1 Lei n. 9.610/1998 (Lei de Direitos Autorais)
86 3.2 Direito moral
87 3.3 Direito patrimonial
90 3.4 Direitos autorais e direitos conexos
91 3.5 Domínio público
93 3.6 Escritório Central de Arrecadação e Distribuição (Ecad)
95 3.7 Requisitos de autoria e coautoria
97 3.8 Mecanismos de pagamento e recebimento de direitos autorais

Capítulo 4
104 **Programas de incentivo à produção cultural**

105 4.1 Políticas culturais: sistemas de cultura, mecanismos de participação social e transversalidade da cultura
114 4.2 Fomento à cultura: leis de incentivo, editais e fundos públicos
120 4.3 Gestão de projetos: concepção, planejamento e formatação
122 4.4 Relações entre a educação e o fomento à cultura
123 4.5 Acesso às plataformas virtuais

125   4.6 Captação de recursos: *marketing* cultural
128   4.7 Passo a passo para a elaboração de um projeto

Capítulo 5
138 Empreendedorismo musical

139   5.1 Oportunidades de negócios para todos: da corporação multinacional ao músico independente
147   5.2 Feiras de música
147   5.3 Indústria da música: os profissionais
153   5.4 Indústria da música: pesquisa de público consumidor
154   5.5 Desenhando um modelo de negócios
155   5.6 Abrindo uma empresa musical com baixo investimento
160   5.7 Órgãos e entidades que regulam e fiscalizam o setor

Capítulo 6
170 Novos mercados: *streaming* e sincronização

171   6.1 Principais desafios no mercado musical
176   6.2 Mercado físico
178   6.3 Mercado digital e serviços de *streaming* de áudio e vídeo
183   6.4 Mecanismos de remuneração em plataformas de *streaming*
186   6.5 *Download* de faixas e álbuns e compartilhamento por telefonia móvel

- 195 Considerações finais
- 197 Lista de siglas
- 199 Referências
- 213 Bibliografia comentada
- 222 Respostas
- 224 Sobre os autores

APRESENTAÇÃO

De tempos em tempos, as dinâmicas que envolvem a produção de música mudam de modo determinante. A aceleração digital proporcionou muitos avanços, mas também abriu lacunas que têm exigido dos profissionais da área um trabalho cada vez mais árduo. Além disso, o setor da cultura, que já vivenciava um período de descontinuidade de políticas culturais e cortes de recursos, foi duramente impactado pela pandemia de covid-19 e, durante esse período, o mercado de *streaming* se consolidou ainda mais.

A despeito desse panorama de desafios e instabilidades enfrentado pelos profissionais ligados ao setor musical, a presente obra pretende oferecer conhecimentos e apresentar oportunidades atualizadas a esse grande público de trabalhadores, em especial no que diz respeito a aspectos legais, distribuição de músicas e fomento à cultura.

Considerando o exposto, dividimos esta obra em seis capítulos. No Capítulo 1, apresentamos um levantamento histórico e conceitual relativo à evolução do armazenamento musical até a consolidação do *streaming*.

No Capítulo 2, abordamos as principais formas de reprodução e distribuição de música, com foco em ferramentas tecnológicas e suas formas de utilização.

No Capítulo 3, tratamos da legislação de proteção aos direitos autorais e conexos, por meio de exemplos musicais e exercícios de análise que trazem discussões pertinentes, tais como a necessidade de promover debates mais aprofundados sobre a proteção de direitos e da liberdade artística, a exemplo do *fair use* e dos *samples*.

Em seguida, no Capítulo 4, traçamos um breve panorama das políticas culturais no Brasil e das principais leis de incentivo vigentes, bem como seus mecanismos e seu funcionamento.

Esses aspectos são detalhados no Capítulo 5, no qual propomos modelos de projetos culturais, assim como possibilidades de formalização empresarial, a fim de auxiliar os profissionais iniciantes no desenvolvimento de sua trajetória na área da música.

Por fim, no Capítulo 6, examinamos alguns aspectos dos novos mercados da música e suas variantes, entendendo que o setor musical demanda profissionais cada vez mais versáteis, engajados e comprometidos em criar novos caminhos e desafiar os modelos de mercado que têm se mostrado insustentáveis, sobretudo para o cenário independente.

Bons estudos!

COMO APROVEITAR AO MÁXIMO ESTE LIVRO

Empregamos nesta obra recursos que visam enriquecer seu aprendizado, facilitar a compreensão dos conteúdos e tornar a leitura mais dinâmica. Conheça a seguir cada uma dessas ferramentas e saiba como estão distribuídas no decorrer deste livro para bem aproveitá-las.

Introdução do capítulo

Logo na abertura do capítulo, informamos os temas de estudo e os objetivos de aprendizagem que serão nele abrangidos, fazendo considerações preliminares sobre as temáticas em foco.

Importante!

Algumas das informações centrais para a compreensão da obra aparecem nesta seção. Aproveite para refletir sobre os conteúdos apresentados.

Curiosidade

Nestes boxes, apresentamos informações complementares e interessantes relacionadas aos assuntos expostos no capítulo.

Indicações culturais

Para ampliar seu repertório, indicamos conteúdos de diferentes naturezas que ensejam a reflexão sobre os assuntos estudados e contribuem para seu processo de aprendizagem.

Síntese

Ao final de cada capítulo, relacionamos as principais informações nele abordadas a fim de que você avalie as conclusões a que chegou, confirmando-as ou redefinindo-as.

Atividades de autoavaliação

Apresentamos estas questões objetivas para que você verifique o grau de assimilação dos conceitos examinados, motivando-se a progredir em seus estudos.

Atividades de aprendizagem

Aqui apresentamos questões que aproximam conhecimentos teóricos e práticos a fim de que você analise criticamente determinado assunto.

Bibliografia comentada

Nesta seção, comentamos algumas obras de referência para o estudo dos temas examinados ao longo do livro.

Capítulo 1

DA PERDA DA AURA À NOVA DESMATERIALIZAÇÃO: A EVOLUÇÃO DA MÚSICA QUANTO AO ARMAZENAMENTO

Otavio Zucon

Neste capítulo, analisaremos como os registros fonográficos – desde fins do século XIX até as primeiras décadas do XXI – alteraram a relação de músicos e ouvintes com o universo da produção e fruição sonoras. Examinando mais detidamente o caso brasileiro, abordaremos como a música gravada, em seus mais diversos suportes, trouxe um sem-número de transformações a partir de sua mundialização, interferindo definitivamente no fazer artístico e nas dimensões comerciais dessa grande indústria. Nesses cerca de 150 anos de história, transitamos da era das mídias físicas – cilindros de cera, discos 78 rpm, *long plays* (LPs), cassetes e *compact discs* (CDs) – à era dos MP3 e dos *streamings*, rumando na direção da imaterialidade. Contudo, como veremos, há fluxos e refluxos nesse processo aparentemente unívoco.

1.1 O acesso à música até o final do século XIX

Houve um período, há pouco mais de 150 anos, em que a audição musical necessariamente carecia de músicos. Durante milênios, para ouvir aquilo que convencionamos chamar de *músicas* – com suas estruturas rítmicas e melódicas e, também, com combinações estruturadas de sons e silêncios –, os seres humanos precisavam de quem as executasse. Nesse contexto, imperou a execução ao vivo, realizada por orquestras, corais, solistas etc. Portanto, a totalidade das manifestações de caráter musical eram executadas – e ouvidas – presencialmente.

A Revolução Industrial, que se iniciou na Europa por volta de 1750, trouxe em seu bojo um conjunto de transformações sociais que, no século seguinte, seriam ampliadas para outras regiões do planeta. As máquinas e o sistema fabril, aliados ao desenvolvimento técnico-científico, promoviam um progressivo crescimento da urbanidade e um conjunto de novos valores de sociabilidade, especialmente no contexto das cidades. No decorrer do século XIX, foram criados inventos que revolucionariam o campo das artes e comunicações. A fotografia, criada mais ou menos simultaneamente por vários pesquisadores na década de 1830, surgia de estudos sobre a confluência entre princípios da óptica e da química, provocando grandes transformações tanto no campo das artes visuais quanto nas formas de comunicação e registro do mundo.

A metade final do século XIX revelaria diversas outras criações que afetariam de maneira significativa o universo da comunicação e das artes. Entre as principais inovações, podemos destacar a máquina a vapor, o telégrafo, o motor a combustão interna e a eletricidade. A máquina a vapor foi essencial para a mecanização das fábricas e a construção de outros maquinários industriais, ao passo que o telégrafo permitiu uma comunicação mais ágil e a dinamização da expansão dos mercados de consumo. Já o motor a combustão interna contribuiu para a evolução dos transportes, pois propiciou a fabricação de automóveis – e, mais tarde, de aviões –, e a eletricidade foi crucial para a iluminação das cidades e para o desenvolvimento de novas indústrias. Por sua vez, a fotografia, patenteada em 1839, revolucionou o campo das artes visuais, proporcionando registros do real com grande fidedignidade, além de acarretar alterações no universo da pintura, até então fortemente voltado a retratar imagens com realismo. Todas essas inovações tecnológicas impulsionaram o processo de urbanização e industrialização que transformou a sociedade e a economia do século XIX.

A música, junto a todos esses processos de desenvolvimento tecnológico, também começou a trilhar os caminhos para se tornar produto industrial. A invenção do fonógrafo, primeira "máquina falante" que gravava e reproduzia sons, foi registrada por Thomas Edison em 1877. O aparelho consistia em uma estrutura composta por "um cilindro de couro recoberto por uma folha de estanho, montado sobre um eixo horizontal provido de manivela em uma das extremidades, a qual, ao ser acionada, permitia à agulha ligada a um diafragma ir riscando a superfície de estanho, conforme a vibração provocada pelas ondas sonoras" (Tinhorão, 1981, p. 15).

No Brasil, a invenção teria chegado, segundo Atos Damasceno (1956), já em 1879. A então "máquina falante", assim denominada por ser um equipamento inédito de emissão de sons de falas, teria sido exibida pela primeira vez na cidade de Porto Alegre, no mesmo ano:

> Como era de prever-se, todo mundo se interessa pela importante engenhoca. E o felizardo Perris tem oportunidade de realizar algumas demonstrações no Teatro S. Pedro, esclarecendo e abobando, com os seus altos conhecimentos técnicos, uma boa parte da cidade, curiosa e cochichadora. Em suas longas e minuciosas conferências, Eduardo Perris informou aos ouvintes de que, dentro de muito pouco tempo, o maravilhoso invento chegaria a tal perfeição que ninguém mais precisaria ir a teatros escutar orquestras e cantores, porque qualquer um poderia ter dentro de sua própria casa todas essas altas manifestações da arte, gravadas, com a maior nitidez, em cilindros portáteis que se adaptariam ao aparelho de Edison com facilidade e economia. (Damasceno, 1956, p. 181)

As primeiras exibições dessa nova maravilha moderna geravam nos habitantes do mundo urbano interesse tanto pelas gravações quanto pelas próprias máquinas de reprodução do som. Assim como ocorreria poucos anos mais tarde com os cinematógrafos, precursores das projeções de imagens em movimento, essas novidades eram recebidas com entusiasmo, e os primeiros empresários desse ramo percebiam a chance de ganhar dinheiro, primeiramente com demonstrações e depois vendendo os próprios aparelhos a particulares.

Um dos mais fervorosos interessados nos modernos inventos era D. Pedro II. Contraditória e curiosamente, as primeiras sessões de gravação fonográfica no país teriam sido realizadas, de acordo com Ari Vasconcelos (1977), junto a membros da família real, entre eles o imperador e a Princesa Isabel, apenas uma semana antes da Proclamação da República, em 15 de novembro de 1889. Assim, esse registro pioneiro marcaria literalmente alguns dos últimos "suspiros" de um regime que era ultrapassado pela chegada dos tempos republicanos.

Nossa sociedade, ainda marcada por uma cultura de matriz fortemente agrária, chegava ao século XX ávida por transformações. Uma mistura de espanto e fascínio era suscitada entre os habitantes das cidades por novos elementos – a eletricidade, os bondes, o automóvel, o cinematógrafo, o fonógrafo – que progressivamente passaram a tomar parte do cotidiano, abrindo as mentes às referências de outros mundos que as telas dos cinemas e as cornetas dos fonógrafos reproduziam, com sons e imagens nunca antes vistos/escutados. O poeta e escritor João do Rio (citado por Süssekind, 1987, p. 48), em 1908, sentenciava que "o automóvel, essa delícia, e o fonógrafo, esse tormento encurtando as distâncias e guardando as vozes para não se perder tempo, são bem os símbolos da época". Os ares da modernidade e a sensação de um aumento na velocidade da vida eram sinais desses novos tempos pelos quais os cidadãos da urbe tanto ansiavam.

A partir do início do século XX, o universo das gravações provocou uma profunda transformação tanto nos processos de elaboração quanto nos de difusão e recepção da música, configurando de modo indelével a música popular urbana brasileira. Esse fato inédito – permitir conservar sons em um suporte físico – desencadeou grandes modificações na música e no cotidiano das pessoas. Fonógrafos, gramofones, discos de várias formas e materiais, rádios, fitas cassete, CDs, entre outros elementos, fizeram parte de uma fase de "materialização" daquilo que até então só poderia acontecer "ao vivo".

1.2 Aparelhos de reprodução: do fonógrafo ao gramofone

José Ramos Tinhorão (1981, p. 14), importante pesquisador dos primórdios da música gravada no Brasil, atribuiu a esses inventos um importante fator: o registro e a consequente preservação de alguns gêneros musicais de matriz negra, que mais adiante quase desapareceriam:

> praticamente contemporâneo da abolição do regime escravo, foi o novo invento que permitiu a coleta providencial de exemplos de alguns gêneros musicais ligados à cultura negro-brasileira, como o lundu e os batuques, os quais certamente ficariam sem registro, não fora a oportunidade histórica da criação do processo de gravar sons.

Antes do fonógrafo, a música padecia das memórias individual e coletiva para se perpetuar, ou seja, o registro da percepção sonora de qualquer tipo de composição pertencia à lembrança, à letra, à melodia etc. que cada pessoa ou comunidade pudesse mentalmente inferir e fixar, sempre com base nas execuções ao vivo. Até surgirem os primeiros *fonogramas* (termo que teve origem em razão desse primeiro aparelho de Edison) gravados em cilindros de cera, podemos conjecturar que a música apresentava a característica que Walter Benjamin (2000) chamava de "aura" da obra de arte. Para ouvi-la, era necessária a presença daquele que a executava, de maneira única. Assim, a cada audição, ouvia-se uma obra de arte única, executada daquela exata forma e naquele exato momento e que não se perenizava a não ser na memória de quem a escutou. Logo, a transmissão de qualquer tipo de música necessariamente passava por sua execução por um ser humano, isto é, músicos, cantores, instrumentos, bandas e orquestras eram fundamentais. De repente, porém, esse agente deixou de ser essencial. Nesse momento, ocorreu o início de uma "reprodutibilidade" de intérpretes/músicos, cujas obras poderiam ser reproduzidas e levadas a centenas ou milhares de pessoas por meio das técnicas de gravação e copiagem do som.

Para Benjamin (2000), o processo de reprodução mecânica (e sistemática) de imagens, fomentado pela fotografia e depois pelo cinema, substituiu a unicidade e as tradições ligadas à pintura. Em outras palavras, a reprodução em massa de uma mesma imagem descentraria a condição de objeto único que a pintura ou a escultura outrora assumiam nesse universo. O filósofo alemão ponderava que a "reprodutibilidade técnica" das imagens teria desconcertado o caráter único das artes visuais. Segundo esse princípio, uma pintura seria uma representação de que se pode usufruir apenas na presença do objeto artístico, ao passo que a reprodução em série, trazida pelas tecnologias, teria retirado esse caráter. Arriscamo-nos, aqui, a acreditar que podemos transpor essa reflexão também ao universo musical. Sob essa perspectiva, a condição da música, anteriormente aos processos de registro e reprodução em série de fonogramas em escala industrial, proporcionou tanto aos executores quanto ao público novas compreensões, modos de pensar, fazer, ouvir e consumir música.

Após a fase inicial dos cilindros de cera ou estanho, o desenvolvimento das mídias musicais passou por aperfeiçoamentos. Na última década do século XIX, o formato de disco, desta feita com rotação definida, começou a se consolidar, e o registro das ondas sonoras começou a ser feito na lateral dos sulcos (e não mais no centro, como ocorria nos cilindros). Nessa época, as gravações ainda eram mecânicas, e os registros eram realizados por meio da emissão do som defronte a um cone metálico. A condição de fabricação de cópias se ampliou, e a capacidade de produção atingiu uma escala industrial.

A produção massiva de discos, que viriam a pautar a produção musical no decorrer do século XX, estabeleceu uma indústria fonográfica que passou a gerar milhares de gravações para consumo público. Como desdobramento, esse sistema implicava a constante presença de novidades, ao mesmo tempo que possibilitou certa perenização da produção musical. Ou seja, a partir do momento em que havia registro das músicas em um suporte, estabelecia-se a condição de armazenamento para posterior reprodução. As pessoas podiam, então, colecionar discos e, por exemplo, repassá-los a outras gerações, para que ouvissem "sucessos do passado". Por fim, ainda nesse período, tivemos acesso a um gigantesco universo musical, tanto para simples fruição e conhecimento das músicas de outros tempos quanto para pesquisas voltadas à história.

Para os músicos, a reprodução de discos para venda representou a abertura de uma nova frente de trabalho ligada aos estúdios de gravação. Como salienta Tinhorão (1981, p. 23), esse sistema "permitiu a profissionalização de numerosos músicos de choro, até então dedicados a seus instrumentos pelo prazer de tocar, ou, quando muito, recompensados magramente ao tocarem em bailes ou festinhas de aniversário em casas de família".

De outra parte, a circulação de músicas a partir das cópias de discos fez emergir um fenômeno de potente ampliação, nunca antes visto, de conhecimentos e trocas culturais. Gêneros musicais de um continente, por meio desse processo, começaram a circular em outro e influenciar gostos e o próprio fazer musical. Ademais, em vários países do mundo surgiu uma expressiva indústria musical ancorada na produção dessas mídias.

Na primeira metade do século XX, houve a disseminação do *jazz* norte-americano na América Latina, por exemplo, ou a influência dos ritmos afro-caribenhos, como a salsa, a cúmbia e o bolero, e brasileiros, como o samba, nos Estados Unidos. Esses gêneros, característicos da frenética vida urbana desse período, ganharam força e tornaram-se as trilhas sonoras dos ideais de modernidade que se acentuavam com o passar dos anos. Na São Paulo da década de 1920, os bailes, os *music halls*, os "salões de dança" e as "sociedades dançantes" eram marcas da emergente indústria do lazer que havia na crescente universalização da indústria fonográfica (Sevcenko, 1992). Como ressalta o historiador Eric Hobsbawm (2009, p. 184), o período entreguerras (1918-1939) reiterava as relações entre modernização e musicalidade:

O *jazz* da "Era do Jazz", ou seja, uma espécie de combinação de negros americanos, *dance music* rítmica sincopada e uma instrumentação não convencional pelos padrões tradicionais, quase certamente despertou aprovação universal entre a vanguarda, menos por seus próprios méritos que como mais um símbolo de modernidade, da era da máquina, um rompimento com o passado – em suma, outro manifesto de revolução cultural.

Ao mesmo tempo que o consumo de mídias físicas foi se disseminando, o encantamento com sonoridades desconhecidas trazia aos ouvintes e músicos novas possibilidades e sensibilidades. Uma sociedade que se pretendesse "adiantada" deveria aderir ao ritmo frenético das máquinas do século XX.

1.3 Gramofones e discos de goma-laca e de baquelite

Em 1887, o alemão Emile Berliner aperfeiçoou a criação de Edison, dando origem ao gramofone, tecnologia que adotou como suporte sonoro discos planos feitos de cera, cobre, vinil e goma-laca. Os gramofones, por sua vez, eram aparelhos manuais, movidos a corda, que faziam o som se propagar por uma grande corneta de metal. Quanto maior esta fosse, mais intensamente ressoavam os registros. Com maior resistência e capacidade de gravação que os cilindros dos fonógrafos, os discos se disseminaram mais rapidamente e atraíram os interesses do meio musical.

No Brasil, a difusão da música popular através dos discos transformou os gramofones em desejo de consumo das classes médias. Por serem caros, foi comum, no início do século XX, a realização de rifas para sua aquisição. O escritor modernista Oswald de Andrade (citado por Tinhorão, 1981, p. 28-29), que acompanhou ainda criança o surgimento desses aparelhos, aventava que o interesse em possuir um gramofone estava relacionado também ao *status* de "parecer-se moderno e atualizado".

No início do século XX, o empreendedor tcheco Frederico Figner – que, no final do século XIX, foi pioneiro nas exibições das primeiras *"machinas fallantes"* nas principais cidades brasileiras – estabeleceu-se no Rio de Janeiro e fundou a primeira gravadora da América do Sul, em 1900: a Casa Edison. Em 1902, Manuel Pedro dos Santos, o Bahiano, gravou o lundu "Isto é bom", fonograma que deu início ao período dos discos no país. Dez anos mais tarde, Figner inauguraria, no Rio de Janeiro, a Fábrica de Discos Odeon. Montado com modernos equipamentos alemães, o empreendimento proporcionaria um controle mais efetivo da qualidade das gravações, aumentando a velocidade de produção e barateando os custos finais das mídias. Em 1917, a Odeon lançou a música "Pelo telefone", interpretada pela Banda Odeon e, no mesmo ano, também por seu coautor Bahiano (composição própria, letra de Mauro de Almeida), primeiro samba gravado da história (Vasconcelos, 1977).

A evolução tanto das mídias como dos aparelhos de gravação e reprodução seguiu em alta nos anos seguintes. Com o avanço da indústria química, na década de 1930, os discos de goma-laca, extremamente frágeis, passaram a ser substituídos pelo baquelite (fenol-formaldeído), primeiro polímero sintético industrializado. Entre os tocadores de discos, surgiram as "victrolas ortofônicas" e as "electrolas", aparelhos valvulados e elétricos, cada vez mais modernos, que impulsionariam a disseminação da música gravada pelo mundo inteiro. Na Figura 1.1, a seguir, constam discos 78 rpm em embalagens genéricas, sem capas, características da mídia física para a audição musical que predominou durante a primeira metade do século XX.

Figura 1.1 – Discos 78 rpm

Andre Devereux/Shutterstock

1.4 A chegada do *long playing* em vinil e o surgimento do álbum

O desenvolvimento tecnológico durante a Segunda Guerra Mundial (1929-1945) desembocou em um grande conjunto de novas alternativas na produção de discos. Em 1948, o engenheiro Peter Goldmark, que trabalhou para a empresa norte-americana Columbia Records, foi um dos responsáveis pelo desenvolvimento do chamado *microssulco*, uma cavidade mais estreita por onde passa a agulha do toca-discos. Isso ocorreu também em razão da criação de um novo combinado de resinas derivadas de petróleo – chamados doravante de *vinil* – que substituíram a goma-laca e a baquelite, utilizadas até então como matérias-primas para a produção dos 78 rpm, possibilitando a arquitetura de uma mídia muito mais resistente e, ainda, passível de inscrever em sua superfície as ondas sonoras de modo mais compacto. De outra parte, os 78 rpm, que eram extremamente frágeis, quebrando-se com qualquer queda ou batida, foram substituídos pelo disco de vinil, muito mais resistente a impactos. Os meios de reprodução magnéticos, que começaram a intermediar a captação e o processo do corte do acetato, também proporcionaram maior qualidade ao som. Todas essas mudanças tecnológicas trouxeram novos ares à indústria da música gravada.

Além desse aspecto, outra característica marcou as mudanças de paradigma na produção de música gravada para comercialização: a alteração da rotação da mídia, de 78 para 33 e 1/3 rotações por minuto. Essa alteração fez com que um disco de 10 polegadas de diâmetro – até então o tamanho tradicional dos 78 rpm – tivesse capacidade de armazenar não apenas uma música, mas cerca de três ou quatro de cada lado da mídia, totalizando aproximadamente 24 minutos por disco. Era o chamado *long play* (LP). A esse aumento na capacidade de armazenamento corresponderam também outras necessidades: os músicos não lançariam mais duas canções, mas cerca de oito, por exemplo.

A partir da estruturação de todos esses elementos, começou a se consolidar no campo da produção musical a noção de *álbum*, expressão que remete à ideia de um livreto. Esse nome provavelmente derivou de uma das formas de armazenar e organizar alguns dos discos 78 rpm, a saber: em pesados "livros", com capas de papelão revestido em couro ou outros materiais, tendo em seu interior um espaço para escrever uma lista das mídias e envelopes de papel grosso para acomodar os discos, ou seja, era um conjunto de músicas em uma mesma mídia, com uma capa/identidade visual e um nome-título para a obra. Assim, começou a se estruturar uma obra mais complexa. O *design* gráfico de capa e contracapa era a primeira aproximação do público com o disco. Em seguida, a sequência das músicas precisava ser pensada para conduzir o ouvinte à compra do produto. Nesse embalo, a indústria musical passou a se preocupar com as novas estruturas do disco.

Durante a primeira metade do século XX, as gravadoras utilizaram o espaço dos invólucros dos discos para anunciar seus lançamentos ou mesmo para fazer publicidade de outros produtos. Eram envelopes com dois furos no meio, através dos quais se podia ver o selo do disco e identificar autor, música e compositor. A esses precários invólucros sem identificação com os artistas sucedeu-se, nesse momento, outro novo e importante elemento: a capa colorida. Tanto a indústria fonográfica quanto os artistas logo perceberam que as embalagens desses discos podiam ser mais que simples envelopes. Com essa nova perspectiva, as mídias demandaram uma identidade visual, em que passariam a constar o nome do artista ou grupo e, outra novidade, o título do álbum. Esse aspecto visual se tornou imprescindível e, com efeito, integrou à contracapa elementos informativos, como a lista das músicas, textos sobre o artista ou, mesmo, cuidados e aspectos técnicos do próprio disco. Observando-se alguns exemplares de LPs brasileiros da década de 1950, por exemplo, nas capas e contracapas é possível perceber a riqueza estética e de informações que o formato viria a proporcionar ao ouvinte para além das músicas.

As capas, chamarizes de atração do público comprador, ganharam tanta importância quanto as próprias mídias. Muito mais do que estampar uma foto do artista, elas transmitiam ideias ou conceitos muitas vezes independentes do próprio disco que embalavam.

No Brasil, muitos artistas – desenhistas, pintores, fotógrafos de renome – foram convidados a produzir essas primeiras artes. Um deles foi o pintor Di Cavalcanti. Em 1951, ele fez a ilustração de capa de um álbum de 78 rpm que continha três discos de interpretações de canções do compositor Noel Rosa pela cantora Aracy de Almeida. Essa mesma arte foi utilizada em 1955 para a reedição em LP das mesmas músicas, nesse caso, contidas em um único disco.

No final da década de 1950, acirrou-se a busca pela reprodutibilidade do som de maneira fiel, tal qual em uma apresentação ao vivo. A condição técnica das mídias – agora consolidadas no formato de vinil microssulco de 12 polegadas – elevou-se em direção aos conceitos de alta fidelidade (*hi-fi*) e estereofonia – um sistema de reprodução de áudio que cria a sensação de espacialidade e localização dos sons em um ambiente de audição. Tecnicamente, a estereofonia envolve a gravação, a transmissão e a reprodução de dois ou mais canais de áudio separados, normalmente referidos como canais esquerdo e direito. Desse modo, o áudio estéreo traria condições técnicas de promover experiências mais imersivas e diferenciadas, como maior espacialidade e profundidade.

Para facilitar aos ouvintes o reconhecimento de tais efeitos e diante da possibilidade de se utilizarem dois canais com sinais distintos, surgiu a necessidade de recorrer a fones de ouvido ou duas caixas de som posicionadas adequadamente no momento da audição. Por exemplo, um efeito panorâmico pode ser criado com a distribuição dos sons pelos canais esquerdo e direito, ajustando-se o nível de volume de cada canal. Assim, é possível gerar a percepção de que o som está vindo de um dos lados e passando para o outro lado, entre outras sensações sonoras.

Até meados dos anos 1960, o formato de 78 rpm sobreviveu como uma alternativa mais barata ao lançamento de apenas duas faixas, muitas vezes conjugadas ao lançamento de um LP. Depois disso, os vinis compactos de sete polegadas passaram a ocupar essa função. Sua utilidade, nos 20 anos subsequentes, foi oferecer às rádios as músicas que as gravadoras consideravam mais importantes para alavancar o álbum do artista.

1.5 Era digital: do *compact disc* ao MP3

As décadas de 1980 e 1990 viram a ascensão da música digitalizada. Os registros analógicos – que predominaram nos 100 anos anteriores, transitando dos cilindros de cera aos 78 rpm e consagrando desde os anos 1950 os LPs de vinil como o formato dominante de mídia musical – sofreram um forte abalo com a chegada ao mercado da música do *compact disc* (CD). Menor, de fabricação mais barata e de tecnologia digital, a nova mídia prometia oferecer ao ouvinte um som "limpo", sem os chiados do vinil e de suas agulhas.

O CD é um formato de disco digital que adentrou o mundo do consumo de música no início da década de 1980. Trata-se de uma mídia feita de plástico policarbonato, recoberto por uma camada de alumínio da espessura de 1.600 nanômetros, sobre a qual é impressa uma longa espiral em que os dados, chamados de *bits*[1], são registrados. Para a leitura das informações, o aparelho utilizado para tocar as mídias emite um *laser* de luz no comprimento infravermelho. Seu propósito inicial era o armazenamento de músicas. No entanto, mais tarde passou também a ser empregado para armazenar dados. O lançamento oficial do primeiro CD comercial de música, *The Visitors*, da banda ABBA, ocorreu em 1982. Embora inicialmente cara, durante a década de 1980, a tecnologia se popularizou, disseminando-se no Japão, na Europa e nos Estados Unidos, chegando ao Brasil em 1987.

Desde seu lançamento, o CD foi celebrado como um suporte cuja pureza de som seria muitíssimo superior à dos discos de vinil. De outra parte, os LPs, apesar da escala industrial de fabricação, envolviam custos muito maiores e uma linha de produção bem mais lenta, em que partes do processo eram praticamente realizadas manualmente. Os ares de modernidade tecnológica e o aspecto compacto da nova mídia foram fatores que impulsionaram a migração dos consumidores para esse formato.

A publicidade dirigida à nova tecnologia trazia o feixe de *laser*, sem o contato físico do disco com agulhas, como uma inovação sem precedentes no campo do registro e da reprodução de áudio. Mas outros elementos também foram valorizados publicitariamente: o fato de os aparelhos poderem ser ativados por controle remoto, sem a necessidade de "virar o disco"; a possibilidade de escolher ou alterar as faixas facilmente; maior capacidade de armazenamento; o aspecto modernizado do novo suporte, tudo isso aliado ao menor espaço necessário para guardar os CDs.

• • •

1   Em termos técnicos, o *bit* ou dígito binário representa um de dois estados, ou dois intervalos, entre sequências de 0 e 1, e a informação digital de áudio formada nos CDs é de 16 *bits*, correspondendo a 65 mil valores diferentes.

Ademais, comparados aos LPs e aos toca-discos, cujas agulhas precisam ser periodicamente trocadas, além da necessidade de limpezas relativamente frequentes e de cuidados com o manuseio (pois as mídias podem ser literalmente riscadas e apresentar defeitos irreversíveis em sua qualidade de reprodução), os discos a *laser* pareciam ser bastante vantajosos em termos daquilo que propunham como grandes virtudes: a pureza do áudio, a facilidade de manuseio e a suposta indestrutibilidade do suporte.

Com a popularização dos CDs e o barateamento progressivo de gravadores para essa mídia, acessíveis ao consumidor médio, no início dos anos 2000 qualquer computador doméstico passou a ser capaz de fazer gravações de CD. A partir de então, essa capacidade equivalente às fitas virgens no formato cassete (K-7)² fez com que as vendas entrassem em queda. Somou-se a isso o processo inicial de veiculação de música pela internet por meio da tecnologia de arquivos compactos Moving Picture Experts Group-3 (MPEG3). Esse fenômeno proporcionou, entre outras coisas, a disseminação da pirataria – copiagem e comercialização de CDs não autorizadas – a tal ponto que a indústria começou a sofrer perdas financeiras em virtude da popularização paralela.

Como veremos, a música em forma de arquivos digitais, no início dos anos 2000, causaria um inexorável abalo na tradicional utilização de mídias para ouvir músicas e, consequentemente, faria ruir todo o sistema de comercialização de suportes sonoros físicos.

• • •
2   O formato de fita magnética como suporte musical surgiu na década de 1960 como alternativa de portabilidade. Ela passou a ser utilizada em aparelhos de som de automóveis e, no final dos anos 1970, no aparelho portátil denominado *walkman*, que funcionava com pilhas e fones de ouvido. As fitas foram usadas também para gravações caseiras, possibilitando ao público registrar áudios e músicas e reproduzi-los em uma superfície gravável.

Dois processos tecnológicos praticamente simultâneos fizeram com que a música – gravada, ouvida, comercializada – adentrasse o século XXI em um sistemático processo de transformação, com desdobramentos econômicos, sociais, culturais e conceituais profundos: o advento da internet e o surgimento do MP3.

A internet e suas dimensões de globalização da circulação de informações atingiram a música em cheio. Para situarmos superficialmente o que ocorria até então, podemos citar o restrito acesso de consumidores brasileiros a fonogramas de países como Etiópia, Índia ou Rússia até os anos 1990. A dependência da indústria dos discos era um grande impeditivo para isso. O horizonte de conhecimento musical no Brasil sobre o que se produzia musicalmente nos países africanos, asiáticos ou do Leste Europeu era restrito a pouquíssimos títulos de algumas figuras canônicas que ascenderam ao mercado comercial, como o indiano Ravi Shankar ou a sul-africana Miriam Makeba. Tais barreiras foram rapidamente suprimidas com a circulação da música em termos planetários de maneira rápida e fácil, possibilitando que o acesso aos fonogramas de toda parte do mundo passasse por uma sensível democratização.

De outra parte, o desenvolvimento de um formato que permitia a circulação de áudios sem a necessidade de suporte físico também foi revolucionário. O mercado fonográfico nunca havia sofrido tamanho impacto. Como pondera Paiva (2007, p. 61), "o mp3 permitiu também que a música fosse distribuída pela rede sem a necessidade de nenhuma forma de pagamento, trazendo a pirataria para o centro da discussão, e finalmente, fazendo com que a *web* se transformasse em um novo espaço para a circulação musical".

O MP3 é um arquivo de áudio compactado de tamanho muito "portátil". No entanto, em que pese sua grande "portabilidade", alega-se que traz prejuízos à qualidade de sua reprodução. A sigla MP3 é a abreviatura de MPEG-1/2 Audio Layer 3, ou MPEG-1 Camada 3, e MPEG refere-se à Moving Picture Experts Group. Essas camadas de áudio de um arquivo digital representam diferentes qualidades. As camadas 1 e 2 correspondem a uma maior quantidade de informação e, consequentemente, de qualidade – sendo utilizadas para áudio profissional –, e a camada 3, que gera arquivos menores, foi escolhida para se destinar ao consumidor final. Em tese, o que chega ao público, nesse caso, é de qualidade inferior, mas ainda suficiente para os ouvidos menos treinados. Em princípio, o que é perdido nesse processo são partes das altas frequências, além da eliminação de certos sons em baixo volume (Paiva, 2007).

De início, o que catapultou a circulação dos MP3 foram os *softwares* de circulação *peer-to-peer* (P2P). Esses mecanismos permitiam que usuários da *web* trocassem uns com os outros arquivos que estivessem em seus computadores – especialmente de música. Uma das plataformas mais conhecidas para isso foi o Napster, ao qual se seguiram muitas outras, como Soulseek, Morpheus, LimeWire, Shareaza e Emule, várias delas ainda em atividade.

O compartilhamento de músicas pela internet, a partir de então, trouxe como consequência direta a desnecessidade das mídias físicas e, por conseguinte, o brutal enfraquecimento das vendas desse setor. No mundo todo, as fábricas de discos foram reduzindo ou desacelerando sua produção, e mesmo a indústria de produção e comercialização de CDs foi fortemente abalada.

Junto à desmaterialização da música, não era mais necessário que os artistas tivessem um conjunto de canções para lançar um trabalho. A estrutura do álbum perdeu força e, com o passar dos anos, deu lugar ao lançamento de faixas isoladas, acompanhadas ou não de videoclipes – linguagem que cresceu em importância com a disseminação das plataformas de vídeo. Outro elemento estético até então canônico – a capa das mídias (LP ou CD) – também se tornou secundário ou mesmo desnecessário no meio virtual.

Do ponto de vista do consumidor, o MP3 e suas formas de disseminação democratizaram o acesso aos conteúdos musicais, os quais eram monopolizados pela indústria. Desde o final dos anos 1990, contudo, diversos conflitos relacionados a direitos autorais e de comercialização se estabeleceram no campo da circulação eletrônica de música. Ainda existe um forte debate referente a essa temática, porém as barreiras para o usufruto gratuito de arquivos nunca foram suficientes para frear a livre disseminação de canções.

Um interessante desdobramento da ascensão da internet como local de veiculação, compartilhamento e escuta de músicas foi a condição de acesso a praticamente qualquer conteúdo, contanto que seja disponibilizado por um usuário sem interesse em monetizar o trabalho de terceiros. Nessa ótica, cabe destacar, por exemplo, que muitos artistas cujos trabalhos foram gravados apenas em vinil (alguns deles, aliás, raridades de difícil acesso) passaram a ser conhecidos e/ou reconhecidos graças à circulação de gravações digitalizadas em MP3 de seus discos. Entre esses casos, houve quem retomasse a carreira musical, como o grupo brasileiro Trio Mocotó e o cantor Bebeto, impulsionados pela nova onda de interesse por suas obras no início da década de 2000.

Também no começo do século XXI surgiram novas opções para estabelecer conectividade e interação entre artistas e público, por meio das quais seria possível ouvir músicas, álbuns e pesquisar mais informações. Um forte exemplo desse panorama é a criação da rede social MySpace (https://myspace.com/). Recursos como esse concederam aos artistas de menor relevo condições de divulgar suas produções de maneira mais barata e fácil. Entretanto, a enorme veiculação de conteúdos no ambiente virtual pulverizou a audiência e acarretou a necessidade de novas estratégias para atingir o público.

A decadência vertical da comercialização de mídias como o LP e o CD correu paralelamente à disseminação das plataformas virtuais de conteúdo musical. A ampliação das possibilidades de acesso a produtos musicais, de maneira crescente e praticamente inesgotável, também gerou outro desafio, tanto para os artistas quanto para a própria indústria da música: Como chegar ao público no vasto mar de conteúdos veiculados na rede?

1.6 Compartilhamento musical pelos serviços de *streaming*

Os chamados *sistemas de recomendação* (SRs) começaram a se popularizar na década de 2010 justamente para tentar associar produtos a seus públicos no fragmentário mundo virtual. O uso dos algoritmos, cada vez mais aperfeiçoado e sistemático, foi a alternativa técnica para esse intento. No mercado musical de hoje, cada fonograma que ouvimos (ou pulamos ao passar por eles) é rastreado e inserido em um algoritmo – processo ainda recente –, com consideráveis implicações na dinâmica de como o gosto musical de diferentes públicos passou a ser formado e modelado (Santini; Salles, 2020).

No universo dos serviços de *streaming*, *likes*[3] e *views*[4] são a caracterização de uma suposta boa *performance* do artista e colaboram para que sua música tenha mais alcance nas listas de mais tocadas. Os processos de manipulação podem envolver o pagamento a *sites* que inflam artificialmente os dados, proporcionando ao artista renda por meio de direitos autorais e gerando a sensação de maior alcance e sucesso a quem observa os números – embora essa prática seja vedada pelos termos de uso dos serviços de *streaming*. Apesar de essa manipulação se enquadrar no crime de estelionato no Brasil, ela acontece em *sites* hospedados fora do país, dificultando a criminalização e o controle.

Outra prática pouco honesta, mas aparentemente bastante utilizada no Brasil, é o "aluguel" de *playlists*. O sistema de criação de listas de músicas é bastante comum entre usuários de serviços de *streaming* como o Spotify. Ocorre que algumas pessoas cobram pela inclusão de músicas em suas listas e, assim, acabam impulsionando a execução de faixas e, de certa forma, fraudando também a audiência. Dos artistas pequenos aos de maior expressão, há informações relacionadas ao uso dessa estratégia a fim de alcançar uma maior quantidade de pessoas. Há quem sugira que essa prática seria uma

. . .

3   *Like* é uma forma de interação nas redes sociais que permite aos usuários expressarem aprovação ou apreciação em relação a uma publicação ou um comentário de outros usuários. Geralmente, é representado por um ícone de coração ou polegar para cima. Os *likes* também podem ser usados para aumentar a visibilidade de uma postagem, uma vez que as redes sociais normalmente os utilizam como referência em seus algoritmos de classificação. Assim, postagens com mais *likes* tendem a ser exibidas com mais frequência nos *feeds* de notícias.

4   Significam que uma postagem em redes sociais foi visualizada.

espécie de "jabá 2.0"[5], termo que faz alusão à corriqueira cobrança das rádios pela execução de músicas (Ortega, 2017).

Do ponto de vista dos ouvintes, o sistema dos *streamings* proporciona novas relações com o universo musical. A automatização de alguns processos acaba tornando o consumo uma experiência mais passiva, sujeita às montagens de *playlists*, aos algoritmos e às indicações da própria plataforma. Nesse sentido, a escuta, apesar da amplidão de opções, expressa uma tendência a ser dirigida por terceiros, e não pelo próprio usuário.

Em estudo de caso realizado por Ferrareli et al. (2020) sobre os SRs da plataforma Spotify, verificou-se que os profissionais da música acreditam que houve poucas alterações com relação ao domínio do *mainstream* no campo da distribuição de música no ambiente virtual. Assim, considerou-se que, mesmo com a grande amplitude de acessibilidade à produção musical pelo público, de maneira legalizada, plataformas como o Spotify reproduzem as desigualdades entre os pequenos e os grandes músicos comerciais, sendo que estes seguem sendo os mais tocados.

Quanto à proporção do *streaming* em relação aos dados gerais do mercado fonográfico, em 2020 o serviço cresceu 19,9%, totalizando 62,1% do montante global relativo à música gravada, segundo dados da Federação Internacional da Indústria Fonográfica (IFPI). A tendência de crescimento do *streaming* também é corroborada pelos números do setor no Brasil. Conforme o Escritório Central de Arrecadação

...
5 O jabá era uma prática de emissoras de rádio e/ou radialistas que, muitas vezes, envolvia valores em dinheiro para que uma música fosse tocada. Assim, mais do que uma forma de suborno (Suman, 2006), esse expediente ocultava do público o direcionamento de como eram selecionados os repertórios oferecidos ao ouvinte. Logo, o "jabá 2.0" seria a reedição desse procedimento no universo da música *on-line*.

e Distribuição (Ecad), a despeito da pandemia (ou concomitante a ela), em 2020 os valores arrecadados foram de R$ 184,5 milhões em execução pública, 41,2% a mais que em 2019 (Sbacem, 2021).

Nenhum dos formatos de mídia física foi completamente abandonado. O colecionismo é até hoje um fator que permitiu a alguns tipos de mídia, que se tornaram objeto de colecionadores, seguirem sendo produzidos e comercializados, ainda que em pequena escala. Apenas os discos 78 rpm – que há décadas não são fabricados e cujas gravações eram de qualidade sofrível – sentiram com mais força o impacto das novas tecnologias. No entanto, continuam presentes em acervos museológicos e de alguns colecionadores desse tipo de mídia.

Quanto aos discos de vinil, a despeito do grande abalo que sofreram na virada para o século XXI – com o fechamento da maioria das fábricas, a digitalização da música via CDs e, logo em seguida, a desmaterialização e a enorme praticidade e gratuidade dos MP3 –, o formato se manteve vivo e, nos últimos anos, vem crescendo fortemente no mercado de mídias gravadas – em 2020, houve um aumento de aproximadamente 30%. De acordo com a Associação Americana da Indústria de Gravação (RIAA), os valores de vendagem, nos Estados Unidos, passaram dos US$ 479,5 milhões, em 2019, para US$ 619,6 milhões, em 2020 (Yoo, 2021).

O mercado dos discos de vinil, cujo formato principal é o 12", canônico na conformação histórica de nossa noção de álbum – entre 10 e 12 faixas, com aproximadamente 3 minutos cada –, ganhou força com a sobrevivência e a reestruturação de algumas fábricas em todo o mundo, inclusive no Brasil, onde existem duas empresas produzindo sistematicamente, bem como outras em processo de estruturação.

Além disso, há centenas de lojas e sebos em diversas cidades, entre capitais e municípios do interior do país, que comercializam títulos usados e novos. Também são promovidas diversas feiras de discos em praticamente todos os estados brasileiros, as quais atraem um grande público e fortalecem a cultura do colecionismo. Alguns desses eventos são enriquecidos com discotecagem em vinil e a promoção de debates sobre artistas, música gravada e o mercado de mídias. Na Figura 1.2, a seguir, observe uma fotografia tirada em uma feira de vinil realizada em São Paulo, no saguão de um cinema da cidade, em 2021.

Figura 1.2 – Feira de vinil em São Paulo

Otavio Zucon

O meio virtual também tem sido uma forma consistente de desenvolvimento do comércio de discos, tanto no Brasil quanto mundialmente. Além do *e-commerce* estruturado nos endereços eletrônicos de algumas lojas, outros *sites* de vendas abrigam uma boa quantidade de vendedores e produtos, inclusive plataformas internacionais que reúnem lojas e vendedores do mundo todo. Podemos afirmar que as opções de compra e venda *on-line* globalizaram o mercado de mídias físicas.

Ainda, outra iniciativa de comercialização que se baseia nos LPs são os clubes de assinatura. Com uma proposta semelhante a um contrato de recebimento de revistas, tais clubes distribuem mensalmente aos assinantes um novo título. Na perspectiva de uma audição mais atenta e concentrada, esse tipo de iniciativa envolve propostas mais cuidadosas, cuja intenção é o aprofundamento, mediante a produção de uma revista com informações, imagens e outros elementos que transcendem a mídia propriamente dita. As empresas que trabalham com esse formato realizam tanto lançamentos quanto reedições de discos raros de música brasileira. Com tiragens geralmente pequenas, algumas edições se tornam cobiçadas e ainda mais valorizadas depois de chegarem ao mercado.

No universo da música contemporânea, é comum que novos álbuns também tenham uma versão em vinil. No Brasil, há músicos que costumam prensar LPs de seus trabalhos, com maior proeminência de gêneros como a MPB, o *rap* e vertentes do *rock* e do *pop*. Para esses artistas, trata-se de uma alternativa para vender mídias em *shows*, bem como por meio de outros mecanismos de comercialização mais diretos. É usual que sejam prensadas trezentas, quinhentas ou mil mídias, muitas vezes numeradas e comumente lançadas por pequenos selos. Ademais, é possível firmar parcerias com lojas ou comerciantes varejistas, que podem tomar parte tanto na produção quanto na venda do material.

Em nossas terras, também há um circuito de festas e eventos nos quais DJs, seletores e discotecários marcam presença e, não raro, utilizam-se de aparelhos com toca-discos e mídias físicas para suas *performances* (*Turntabilism*). O DJ, sigla para *disc jockey*, geralmente é responsável por selecionar e misturar músicas em tempo real, podendo usar tanto toca-discos quanto controladores MIDI ou *softwares* de mixagem digital. Os DJs podem ter habilidades adicionais, como criar as próprias músicas, remixar faixas existentes ou trabalhar com efeitos sonoros. Já os seletores e discotecários são aqueles que selecionam músicas para um evento, sem necessariamente fazer mixagens ao vivo ou produzir e executar músicas próprias. Nesse caso, a valorização das seleções sonoras é o que justifica o termo *seletor*.

Nesse universo da discotecagem, chama a atenção uma tecnologia denominada *time code*, por meio da qual é possível utilizar as *pick-ups*[6] para executar arquivos digitais de um computador, sendo o sistema operado por interfaces de áudio, *softwares* e discos que emitem frequências contínuas específicas, convertendo o sinal analógico em digital e vice-versa. O sistema de discotecagem com *time code* oferece aos DJs a flexibilidade de usar equipamentos analógicos tradicionais para controlar músicas digitais, associando a praticidade e a versatilidade dos arquivos digitais à sensação e à aparência de um *setup* de DJ tradicional.

O convívio entre os formatos físicos, digitais e virtuais segue ocorrendo. Nenhum deles, em absoluto, desapareceu. No entanto, a distância entre o consumo de música por meio dos serviços de *streaming*, o compartilhamento/usufruto gratuito de arquivos e as mídias físicas continua configurando vários diferenciais e

...
6   Termo que designa um equipamento equivalente a um toca-discos.

discrepâncias conceituais e de mercado. A oportunidade de ouvir canções gratuitamente, impulsionada pela internet em seus mais diversos ambientes, alavancou enormemente o consumo. Contudo, o acesso quase irrestrito a um sem-número de possibilidades no meio eletrônico levou à concepção dos já mencionados SRs como uma espécie de curadoria prévia da audição dos usuários, com base em seus próprios gostos.

Atualmente, um formato físico em franca decadência é o CD. Emparedados entre os discos de vinil – com arte de capa bem visível, uma "atmosfera" de mídia física literalmente acessível ao toque e ao olhar e o culto ao próprio toca-discos, que remete ao desenvolvimento ancestral da música gravada –, os arquivos MP3 e as plataformas de *streaming* – cujas vantagens principais são a mobilidade e a praticidade –, os CDs também sofrem com a falta de tocadores de mídia. Na prática, computadores, *laptops* e mesmo os equipamentos de som caseiros deixaram de ter o *slot* de CD, dificultando a própria reprodução da mídia. Apesar de sua produção ser enormemente mais fácil e barata, os CDs se tornaram menos vendáveis que seus antecessores analógicos. A produção, a comercialização e o colecionismo continuam, porém em escala cada vez mais reduzida comparativamente ao comércio digital. Segundo dados da RIAA, nos Estados Unidos, as vendas desse formato vêm decaindo ano a ano, tendo ocorrido uma redução de 23% entre 2019 e 2020, quando, pela primeira vez desde 1986, os CDs foram superados em quantidade pelos vinis (Friedlander, 2021).

As fitas cassete (ou k7), quase extintas com a ascensão dos CDs nas décadas de 1990-2000, voltaram a ser produzidas e comercializadas em pequena escala. No Brasil, nos últimos anos, algumas empresas começaram a produzi-las novamente. Entretanto, um dos maiores gargalos de sua comercialização é a disponibilidade de aparelhos para tocá-las.

Podemos tecer diversas análises sobre o fenômeno referente ao aumento da circulação comercial dos discos de vinil. Em seu livro *A vingança dos analógicos: por que os objetos de verdade ainda são importantes*, o jornalista canadense David Sax (2017) pondera que o violento processo de "abandono" dos LPs causou uma enorme fratura no grande poder da indústria fonográfica até o final do século XX. Os artistas, por sua vez, não estavam mais sujeitos a todo o sistema que abrangia a produção e a distribuição de mídias, pois produzir música com baixo custo renovou as possibilidades e as relações entre eles e o público. Mesmo com essas transformações, os discos de vinil seguiram sendo manufaturados, embora, como mencionado, em escala reduzida.

O que Sax (2017) problematiza é certo retorno ao palpável – ou seja, àquilo que é físico e, portanto, pode ser tocado com as mãos – após a extrema digitalização e virtualização em vários setores, como o da música gravada, nos últimos 20 anos. Assim como há movimentos que propõem uma contraposição à velocidade frenética em todos os campos, como o *slow food*, que se opõe à comida de consumo rápido e sem consciência do que se come, ouvir discos seria o equivalente a estar preparando o jantar na própria cozinha no fim do dia – picar, refogar, temperar, servir. Tudo em ritmo de lenta "degustação", do início ao fim do processo – escolher o álbum, ligar o aparelho, baixar a agulha sobre o sulco, admirar a capa, ler o encarte, virar o disco. Trata-se de uma audição mais cuidadosa e *slow*.

Por outro lado, a adesão às mídias físicas em tempos de virtualização da audição musical pode ser explicada por fatores de natureza sociológica, como parte daquilo que o sociólogo Theodor Adorno interpretava como fetiche de consumo (Adorno, 1991). Ou seja, os discos, ao se tornarem parte de uma indústria, transformam-se em mercadorias, e a eles são atribuídos valores simbólicos que extrapolam seu valor de uso. Os LPs (ou mesmo os CDs), percebidos como símbolos de autenticidade, nostalgia e *status* cultural, tornam-se desejáveis mesmo quando existem alternativas gratuitas de acesso à música e de fácil fruição. O apelo nostálgico, a função de objeto colecionável e a valorização de algumas peças tal como se fossem uma antiguidade rara estimulam que os discos de vinil sigam como objetos de desejo ou mesmo de investimento financeiro no circuito da música tangível.

Uma parcela dos especialistas em áudio e do público consumidor de mídias físicas defende que os arquivos comprimidos têm limitações de audibilidade e que, portanto, mídias como o vinil são mais "cheias" de som. A compressão dos arquivos digitais de áudio reduz seu tamanho, supostamente, sem comprometer de forma significativa a qualidade sonora. No caso específico do formato MP3, esse procedimento é realizado mediante a eliminação de informações sonoras consideradas menos importantes para a percepção do som pelo ouvido humano – frequências mais altas (acima de 16 kHz) e mais baixas (abaixo de 20 Hz) são as primeiras a serem removidas. O resultado é um arquivo menor em tamanho, o que facilita sua distribuição e seu armazenamento, mas com perdas de qualidade em relação ao arquivo não comprimido.

A despeito das teses sobre as frequências de onda emitidas por discos de vinil ou da qualidade límpida de reprodução dos CDs em comparação com os formatos comprimidos, como o MP3, atualmente está em ascensão certo impulso renovado ao colecionismo e, ao mesmo tempo, vem se consolidando uma parcela de consumidores interessados na música "palpável". Comparativamente aos meios de audição virtuais, a escala na fabricação e oferta de discos de vinil é pequena, mas a ampliação do público interessado tornou os LPs mais valorizados. O interesse das gerações mais novas, nascidas já no período da música digital, parece também estar em ascensão. Segundo uma pesquisa de caráter investigativo do *site* Universo do Vinil sobre o perfil do fã colecionador realizada em 2018, cerca de 16% do grupo de interesse estava entre os 18 e os 27 anos, o que evidencia que o público consumidor não se encontra apenas entre aqueles que tiveram mais contato com as mídias físicas em alguma fase anterior da vida (Universo do Vinil, 2018).

Síntese

Neste capítulo, analisamos o universo da indústria da música gravada e a evolução de seus modos de armazenamento. Houve momentos de grande transformação, ou mesmo de ruptura, em relação ao *status* tecnológico anterior. Nos anos iniciais, após os primitivos cilindros de cera, a primeira metade do século XX foi marcada pela presença dos discos 78 rpm. A modificação pioneira, ocorrida no final dos anos 1940, trouxe à mídia física um novo aspecto, bem como novas dinâmicas à produção comercial, com o surgimento do álbum, de suas capas e, ao menos, com oito faixas. Esse contexto impulsionou o mercado musical do pós-guerra também em razão do aumento da qualidade sonora de gravação e reprodução. Mas foi no fim do século XX que aconteceram as maiores e mais rápidas mudanças: a música digital, junto à ideia de som "puro", alavancou a trajetória dos CDs, abalando a proeminência dos discos de vinil. Em pouco mais de uma década, porém, o advento da internet e do MP3 representou a desmaterialização da música e a implosão do conceito de álbum, o que se consolidou mediante o sistema de *streaming* e o acesso *on-line* aos arquivos eletrônicos.

> **Indicações culturais**
>
> IMS – Instituto Moreira Salles. Disponível em: <https://ims.com.br/>. Acesso em: 8 dez. 2023.
> O IMS disponibiliza, em seu portal oficial, um exponencial conjunto de fonogramas, documentos e publicações sobre a história da música gravada no Brasil. Por meio da plataforma, é possível ouvir milhares de canções digitalizadas de discos 78 rpm e assistir a entrevistas com pesquisadores e outros depoentes. A instituição abriga os acervos de colecionadores/pesquisadores e artistas, como José Ramos Tinhorão, Humberto Franceschi, Chiquinha Gonzaga, Ernesto Nazareth e Pixinguinha. Com sedes físicas no Rio de Janeiro, em São Paulo e em Minas Gerais, o IMS recebe visitantes, pesquisadores e a comunidade.
>
> UNIVERSO DO VINIL. Disponível em: <https://universodovinil.com.br>. Acesso em: 8 dez. 2023.
> *Site* brasileiro voltado à cultura do vinil, com bastante ressonância em redes sociais, o Universo do Vinil tem entre suas publicações artigos sobre história, atualidades, mercado, hábitos de consumo, cuidados com a mídia, formas de comprar etc. Na página também é possível encontrar divulgações de pesquisas, palestras e seminários em parceria com instituições universitárias, sobre o universo da música gravada.

Atividades de autoavaliação

1. Considerando as consequências sociais que o advento da música gravada, no final do século XIX, acarretou às décadas seguintes, avalie as afirmações e indique V para as verdadeiras e F para as falsas.
   ( ) A democratização do acesso à música para a população que não tinha acesso a apresentações ao vivo.
   ( ) Uma circulação mundializada de mídias, que tiveram um alcance inédito e alteraram as percepções e formas musicais, hibridizando estilos e conformando novas estéticas de caráter mais comercial.
   ( ) O desenvolvimento de tecnologias, bem como o surgimento de fábricas e de aparelhos domésticos.
   ( ) O acesso dos músicos a mercados de mais difícil alcance pelas apresentações presenciais e, consequentemente, maior reconhecimento público.

   Agora, assinale a alternativa que apresenta a sequência obtida:
   a) F, V, V, V.
   b) V, V, F, V.
   c) F, F, V, F.
   d) F, F, F, V.
   e) V, F, F, F.

2. Quanto ao mercado de produção e comercialização de mídias gravadas instaurado no Brasil, avalie as afirmações e indique V para as verdadeiras e F para as falsas.

( ) Não há interesse dos artistas em gravar CDs, pois, embora a produção seja barata, são o tipo de mídia física menos comprado atualmente.
( ) Os LPs seguem sendo produzidos e conformam o principal nicho de mercado entre as mídias físicas, atraindo um público crescente.
( ) As fitas cassete deixaram de ser produzidas e tornaram-se a única mídia física que desapareceu das prateleiras das lojas.
( ) Os discos 78 rpm, de baixa qualidade sonora e muito frágeis fisicamente, tiveram sua produção descontinuada na década de 1960, sendo superados pelos LPs de vinil.

Agora, assinale a alternativa que apresenta a sequência obtida:

a) F, F, F, V.
b) F, F, V, V.
c) V, V, F, V.
d) V, F, V, F.
e) V, F, F, V.

3. Sobre o mercado brasileiro de discos de vinil desde a década de 1940 até os dias atuais, assinale a alternativa correta:
   a) O mercado brasileiro de discos de vinil teve seu auge nas décadas de 1960 e 1970, com a produção de grandes nomes da música popular brasileira nesse formato.
   b) O mercado brasileiro de discos de vinil nunca teve grande relevância no país e sempre foi superado pelo de CDs e, posteriormente, pelas plataformas de *streaming*.

c) O mercado brasileiro de discos de vinil passou por um grande crescimento na década de 1980, com o lançamento de discos de *rock* nacional nesse formato.

d) O mercado brasileiro de discos de vinil teve sua queda acentuada nos anos 2000, em virtude da popularização das plataformas de *streaming* e da falta de investimento em produção de vinis.

e) O mercado brasileiro de discos de vinil só começou a se desenvolver recentemente, a partir da década de 2010, em razão do aumento da procura por um som mais analógico e da valorização do colecionismo desses discos.

4. A respeito do consumo mundial de CDs, assinale a alternativa correta:
   a) O consumo de CDs teve seu auge no início dos anos 2000, antes da popularização da internet e do surgimento de plataformas de compartilhamento de música *on-line*.
   b) A venda de CDs nunca teve uma grande relevância no mercado fonográfico e sempre foi superada pelo mercado de vinis e, posteriormente, pelas plataformas de *streaming*.
   c) O crescimento na comercialização de CDs ocorreu na década de 1990, com o lançamento de discos de *rock* internacional nesse formato.
   d) O mercado de CDs passou por uma queda acentuada nos anos 2010, em virtude da popularização das plataformas de *streaming* e da falta de investimento em produção.
   e) O consumo de CDs só começou a se desenvolver a partir da década de 2000, graças ao aumento da procura por um som mais puro e à valorização do colecionismo.

5. Sobre a ascensão e o domínio majoritário do consumo da audiência de músicas por meio de plataformas de *streaming*, assinale a alternativa correta:
   a) As plataformas de *streaming* só se popularizaram nos últimos anos, tendo pouco impacto na indústria musical.
   b) A popularização das plataformas de *streaming* tem um impacto positivo na indústria musical, pois permite que mais artistas sejam descobertos pelo público, apesar da baixa rentabilidade para os independentes.
   c) As plataformas de *streaming* não geram receita significativa para os artistas, sendo uma fonte secundária de renda para todos eles.
   d) O mercado de CDs e de vinis ainda é o principal meio de consumo de música no mundo.
   e) O consumo de música por *streaming* é dominado por uma única empresa, que detém quase 90% dos usuários desse setor.

Atividades de aprendizagem

Questões para reflexão

1. Em seu ponto de vista, a indústria da música gravada, que caminhou da materialização à desmaterialização, promoveu maior democratização no acesso a conteúdos musicais? Procure refletir sobre os porquês dessa situação.

2. O convívio entre os suportes materiais e imateriais segue ocorrendo, a despeito da força da música *on-line* em geral. Do ponto de vista dos artistas, qual seria a melhor forma de agregar valor

monetário ao seu trabalho: Investindo na produção de discos de vinil, CDs, fitas cassete etc. ou dirigindo-se ao mercado de *streaming*? Pesquise quais são as estratégias dos músicos brasileiros contemporâneos em relação ao tema.

Atividades aplicadas: prática

1. Desenvolva uma pesquisa sobre as 20 músicas brasileiras mais tocadas nas plataformas de *streaming* (realize o levantamento em duas delas). Com base nos dados coletados, avalie quantitativamente quais são os gêneros musicais predominantes e, em um texto conciso, explique se há diversidade de estilos e quais são os sub-representados.

2. No Brasil, uma boa parcela dos músicos contemporâneos opta por gravar álbuns no formato de vinil. Pesquise quem são esses artistas e quais são os motivos dessa opção.

Capítulo 2
REPRODUÇÃO E DISTRIBUIÇÃO MUSICAL
Otavio Zucon

Os processos de gravação, distribuição, fruição e aprendizado formal da música têm sido fortemente modificados nas últimas décadas. Sob essa perspectiva, neste capítulo, abordaremos as origens das gravações mecânicas e sua passagem para as tecnologias digitais, as utilidades dos *softwares* de partituras na contemporaneidade e alguns aspectos a respeito das novas dinâmicas de compartilhamento e acesso aos fonogramas. Recorreremos tanto a exemplos globais quanto ao caso brasileiro e suas peculiaridades.

2.1 Gravação mecânica

Como destacamos no capítulo anterior, os primeiros processos efetivos de gravação e reprodução sonora ocorreram no final do século XIX e culminaram no registro de inventos como o fonógrafo de Thomas Edison, aparelho rudimentar que funcionava tanto como reprodutor quanto como gravador de sons. O fonógrafo consistia em um cilindro de cera sobre o qual um dispositivo mecânico gravava as ondas sonoras de uma *performance* sonora ou musical. Para tanto, primeiro era necessário fixar o cilindro no aparelho; uma lâmina pontiaguda ou agulha – presa a um diafragma que vibrava de acordo com as ondas sonoras emitidas à frente de uma espécie de cone metálico – imprimia, em forma de sulcos, as vibrações transmitidas, fazendo com que o cilindro de cera se tornasse a mídia de reprodução dos sons. Após a gravação, esse mesmo aparelho, por meio de um sistema de manivela, executava o que havia sido registrado. Para realizar uma gravação, a fonte sonora (por exemplo, uma orquestra ou um cantor) era posicionada próximo ao fonógrafo, que capturava o som no cilindro, e este era girado manualmente enquanto a agulha se movia para cima e para baixo em sua superfície, criando a gravação física das vibrações sonoras.

Assim, os primeiros fonogramas foram registrados por um processo mecânico que envolvia a captura do som ambiente em uma sala de gravação. A qualidade desses espaços e procedimentos, de início, era bastante limitada, já que não havia qualquer tipo de ajuste ou equalização do som. Com o tempo, métodos foram desenvolvidos para melhorar a qualidade dos registros, como a utilização de microfones e a gravação elétrica, que permitiu obter maior sensibilidade na captação do som. No entanto, tais melhorias técnicas só se tornaram possíveis com o avanço da tecnologia e do conhecimento na área de gravação de áudio. No Brasil, essas tecnologias se desenvolveram de maneira quase simultânea a outros países.

Durante as primeiras duas décadas do século XX, as gravações em discos de goma-laca seguiam sendo a forma dominante de audição de fonogramas. A evolução tecnológica representada pelo constante aperfeiçoamento de aparelhos e aparatos técnicos de gravação e reprodução, a partir das décadas de 1920 e 1930, era enaltecida em revistas e jornais especializados desse período. Cabia a esses veículos alcançar tanto o público ouvinte quanto, em particular, aqueles interessados em tomar parte na cadeia de produção e comercialização que envolvia a música gravada.

A complexa técnica de registro fonográfico era descrita em seus detalhes: o processo elétrico de gravação, com um microfone de captação sensível posicionado no interior de um estúdio ambientado acusticamente, seguia-se ao aviso luminoso de uma lâmpada vermelha – era o sinal para que se começasse a tocar! O engenheiro, na sala ao lado, inscreve o som através de uma agulha na superfície de um disco de cera, "que gira e, sob o ditado do conjunto musical executante, inscreve na cera aquecida um arabesco muito fino cujos espirais delicados captam o brilho dos timbres, dos ritmos e das harmonias"(Gonçalves, 2006, p. 30). Em São Paulo, após esse relato, os jornalistas da revista *Phono-Arte*, em 1929, acompanharam a saída dessa peça de cera rumo à fábrica onde se fabricaria a matriz de metal em cobre e revestimento de níquel e que seria utilizada para a prensagem dos discos de goma-laca destinados às lojas. Anos mais tarde, na indústria fonográfica, esse processo de registro em disco de cera – com a geração de uma matriz em metal – foi substituído pelas fitas magnéticas como mídia de captação das músicas no estúdio.

2.2 Gravação analógica *versus* gravação digital

A comparação entre os registros musicais analógicos e digitais, via de regra, apresenta diferenciais de várias naturezas. Um deles diz respeito à praticidade do digital, que torna mais simples e ágil editar e processar arquivos, pois eles podem ser manipulados com precisão por meio de *softwares* de edição, ao passo que o processo analógico é mais trabalhoso, envolvendo, em alguns casos, o corte e a colagem física para fazer edições. Em termos de custos, na transição entre as tecnologias, na década de 1980, o digital era menos acessível.

Para além da praticidade, a popularização de computadores, *softwares* e equipamentos digitais fez com que os sistemas analógicos deixassem de ser utilizados ou se tornassem até mesmo secundários. Isso porque a manutenção de aparelhos e a aquisição de fitas magnéticas (no caso de masterização nessa mídia) encareceram e, na perspectiva de muitos técnicos da área, não seriam essenciais nem representariam uma grande diferença de qualidade, de timbre ou de outros aspectos que não poderiam ser simulados por meio de *plug-ins* (Backstage, 2022).

Um fator notoriamente salientado como diferencial na comparação digital/analógico é o som mais "limpo" e "preciso". Ou seja, os ruídos, as distorções e as interferências – incluindo as partes mecânicas do processo analógico – fazem o resultado soar literalmente com mais pureza no digital.

A gravação analógica em meio magnético, desenvolvida desde o início do século XX e aprimorada no formato de fita magnética a partir da década de 1950, consiste em um processo no qual um sinal de áudio é gravado em uma fita de material plástico (poliéster ou outros) recoberta por uma fina camada feita geralmente de óxido de ferro, mas que também pode ser de dióxido de cromo ou de outros metais.

Em um estúdio, esse processo de gravação tecnicamente começa quando o sinal elétrico do áudio é captado por um microfone ou outra fonte de áudio e enviado a um pré-amplificador, que amplifica o sinal elétrico para que ele tenha a intensidade necessária para gravar as partículas magnéticas na fita. Em seguida, o sinal amplificado é enviado para o cabeçote de gravação, composto por uma bobina de fio condutor e uma pequena lacuna de metal. Quando uma fita é passada pela lacuna do cabeçote, o sinal elétrico é convertido em um campo magnético que magnetiza suas partículas metálicas, criando um padrão de magnetização que representa o sinal de áudio. Para reproduzir o áudio gravado em fita magnética, ela é passada através de um cabeçote de reprodução – semelhante ao cabeçote de gravação, mas que opera em sentido inverso. À medida que a fita passa pela lacuna do cabeçote de reprodução, as partículas magnetizadas geram um campo magnético que é convertido em um sinal elétrico pelo fio condutor da bobina desse cabeçote. Depois, o sinal elétrico é enviado para um amplificador, que aumenta a intensidade do sinal para que ele possa ser ouvido em um alto-falante ou fone de ouvido.

Os formatos de fita mais comuns de gravação magnética incluem a bobina aberta e o cassete. O formato de bobina aberta é (ou era) usado principalmente em estúdios de gravação profissionais, e o cassete foi popular entre os consumidores domésticos – especialmente durante as décadas de 1970 e 1980.

No transcorrer das décadas, o barateamento de custos para realizar gravações em meio magnético também implicou maiores possibilidades de experimentação no contexto dos estúdios. Além da facilidade de regravar uma faixa que porventura tivesse alguma incorreção, após os anos 1950, tornou-se comum recorrer à técnica do *overdub*[1], em que uma música era gravada em partes e apenas definitivamente montada no final do processo, gerando melhores condições ao trabalho artístico. Junto a isso, os equipamentos multipistas, que passaram de dois para 24 canais no início da década de

---

1   Diferentemente do período analógico, na posterior fase digital, o *overdub* é realizado pela utilização de um sistema de gravação multicanal em que a gravação original é reproduzida em uma faixa, mas a nova parte é registrada em uma faixa separada. Isso permite que as partes sejam gravadas isoladamente e, depois, mixadas juntas, com o objetivo de obter uma mixagem final mais completa. Na mixagem, por conta do *overdub*, é possível ajustar cada parte gravada individualmente em termos de volume, panorama, equalização e efeitos, fornecendo maior controle sobre o resultado final, além de propiciar um equilíbrio sonoro mais preciso. Já na masterização, o *overdub* pode ser usado para adicionar camadas extras de processamento, como compressão, equalização final, limitação, entre outras, a fim de aprimorar ainda mais a qualidade e o impacto geral da música antes de sua distribuição.

1970, promoveram um apuro técnico e a ampliação de possibilidades criativas nos estúdios, em um período no qual os sistemas de registro ainda eram essencialmente analógicos (Pinto, 2012).

Com relação à gravação analógica, para alguns artistas e produtores que viveram esse processo, é habitual considerar como diferenciais uma sonoridade mais profunda, com frequências mais "verdadeiras" e "orgânicas". A gravação e a finalização analógicas, na atualidade, tornaram-se processos mais caros, lentos e difíceis. Para o padrão da música na era digital, quando as gravações são todas executadas de modo individual e com a condição de repetição infinita até a finalização de cada faixa de instrumentos, vozes e outros elementos, o processo também é muito distinto das condições disponibilizadas pelas tecnologias analógicas. No período em que as fitas eram a superfície de registro do som nos estúdios, havia maior dificuldade em repetir gravações por conta de erros pontuais.

Um dos entusiastas brasileiros das gravações analógicas é o engenheiro eletrônico e produtor musical Lisciel Franco[2], o qual pondera que a música digital é virtual, pois se desvirtua do conceito físico de onda sonora para se transformar – durante o processamento do som de instrumentos, vozes e outros elementos – em arquivos binários. Ele fabrica boa parte dos equipamentos que utiliza em seu estúdio. Em redes sociais e reportagens, Franco argumenta que o formato digital de registro não trouxe efetivamente nenhuma melhora na qualidade sonora das músicas gravadas. De outra parte, por não utilizar o computador para seus registros, o "copia/cola/conserta" fica mais difícil (a fita precisa ser cortada e remendada).

• • •

2   É possível encontrar na internet algumas entrevistas do produtor em que ele se refere tecnicamente aos processos de gravação analógicos e a suas implicações teóricas e práticas. Franco também tem um canal na plataforma Youtube, em que apresenta e debate temas correlatos (Marinho, 2019).

Nessa ótica, de acordo com o produtor musical, além de o resultado sonoro final adquirir timbres e outros elementos característicos da era analógica, o processo de registro também remete a procedimentos de estúdio característicos dessa tecnologia: músicos mais concentrados e bem ensaiados antes das gravações geram resultados mais orgânicos, uma vez que não há condições técnicas para a repetição ou a montagem de pós-produção com a utilização de editores e *plug-ins*[3]. Assim, com os meios digitais, os procedimentos dentro do estúdio também mudaram, pois a facilidade de repetir trechos e realizar eventuais correções após as gravações fez com que a concentração dos músicos também se alterasse (Marinho, 2019).

Nos processos de gravação, também há um diferencial entre os *summings* (somatórias) analógicos e digitais. Uma mesa de som analógica – seja de P.A., seja de estúdio – processa o som por meio de processadores (equalizadores e compressores por canal). As várias trilhas individuais de áudio, ao serem combinadas em uma única trilha – estéreo ou multicanal –, diferenciam-se nas duas tecnologias, embora estas tenham o mesmo objetivo.

A somatória analógica ocorre em consoles de mixagem analógicos, que utilizam circuitos eletrônicos analógicos para combinar as várias trilhas de áudio, e cada canal de entrada é amplificado e processado por um conjunto de circuitos eletrônicos, que incluem equalizadores, compressores e efeitos, antes de ser somado a outras trilhas em uma trilha principal. Então, o sinal final é enviado

...
3   Um *plug-in* é um *software* complementar, utilizado no processamento e alteração do som de maneira criativa ou técnica. Os *plug-ins* podem atuar gerando efeitos ou transformações em termos de equalização, compressão, reverberação, simulação de amplificadores, entre outros, permitindo moldar o som das gravações de acordo com as preferências ou necessidades de produtores, engenheiros de som, técnicos de áudio ou profissionais envolvidos nos registros sonoros de estúdio.

para uma unidade de gravação, como uma fita analógica. Nesse procedimento, considera-se que o resultado confere um "calor" e uma suavidade ao som.

Já na somatória digital, que ocorre em sistemas de gravação em computadores, *softwares* e *hardwares* digitais para combinar as várias trilhas de áudio, o som é processado em *bits* e *bytes* por meio de processadores digitais de sinal. As trilhas de áudio são somadas em uma interface digital antes de serem gravadas em um disco rígido ou outra mídia digital. Esse processo é celebrado por sua característica de transmitir clareza e precisão em relação ao som original.

Uma importante diferença entre os dois *summings* diz respeito à forma como cada uma lida com a distorção. A distorção analógica é geralmente considerada mais "musical" e pode adicionar um som agradável e "quente" às gravações, ao passo que a distorção digital normalmente é considerada menos agradável e pode resultar em um som "ríspido". Ambos os métodos têm vantagens e desvantagens, e a escolha entre eles dependerá das preferências pessoais do engenheiro de som, bem como do orçamento e das necessidades de cada projeto.

2.2.1 *Softwares* de edição de partitura

Os primeiros *softwares* de edição de partitura surgiram na década de 1980. Desse momento em diante, seus usuários passaram a poder inserir e editar notas musicais, símbolos e marcações no sistema de notação musical. Desde o desenvolvimento dessa tecnologia até a atualidade, alguns *softwares* (bem como aplicativos para dispositivos móveis) seguem oferecendo diversas aplicações. Alguns apresentam um sistema de notação mais tradicional, e outros permitem a personalização de notações conforme as necessidades dos usuários.

São várias as utilidades práticas desses mecanismos, que incluem diversas etapas da produção musical. A composição de músicas próprias, por exemplo, pode ser realizada e editada nesses *softwares*, facilitando os processos de escrita de arranjos. Tais ferramentas também permitem aos músicos transcrever e editar partituras já existentes, o que pode ser útil para estudantes e músicos que desejem aprender a tocar novas canções. Existem tanto opções de aplicativos pagos como opções de acesso livre.

No ensino, os *softwares* de edição de partitura costumam ser utilizados por professores para criar e compartilhar materiais de ensino com os alunos, como exercícios e partituras personalizados. Atualmente, diversos aplicativos estão disponíveis para a aprendizagem de música, desde ferramentas para treinamento auditivo até programas para composição e produção musical. Além destes, há aqueles que oferecem exercícios para o reconhecimento de intervalos, escalas, acordes e ritmos, assim como prática de canto e afinação de instrumentos. Todos esses programas podem ser encontrados em diversas línguas, incluindo o português, em diferentes opções para estudantes de música de todos os níveis. Segundo Mota (2019), é importante ressaltar que tais ferramentas podem ser úteis para complementar o aprendizado, mas não devem substituir a orientação e o acompanhamento de um professor.

Os *softwares* ainda podem ajudar os músicos a imprimir suas partituras e a procurá-las com outros músicos. Quanto às *performances*, são úteis para criar partituras personalizadas, que servem tanto para *performances* ao vivo quanto para gravações de estúdio. Na edição e formatação de partituras, esses programas permitem a edição e a formação das partituras de maneira fácil e rápida, fornecendo opções para a correção de erros, o ajuste de compassos, a alteração de tonalidades e outras modificações.

De outra parte, as bibliotecas de partituras – plataformas *on-line* que possibilitam encontrar e baixar partituras musicais de diferentes gêneros, estilos e épocas – também são muito úteis para músicos, professores ou iniciantes na escrita e leitura de músicas. Há catálogos nos quais é possível acessar materiais para um *show*, para uma aula de música ou para estudo pessoal. Algumas dessas plataformas proporcionam aos usuários o compartilhamento e a colaboração com outros músicos, para que eles trabalhem conjuntamente, troquem ideias ou ensaiem juntos, além de mecanismos que permitem a personalização de partituras, alterando a chave, a tonalidade ou a instrumentação da peça.

Outros *softwares* e aplicativos para utilização em aparelhos móveis ampliam ainda mais as utilidades no campo da escrita musical. Ferramentas de transcrição, por exemplo, têm a capacidade de converter áudio gravado em partituras digitais. Já os reprodutores de partituras possibilitam reproduzir partituras digitais em tempo real.

2.3 Tecnologias da mídia de massa

Como já abordamos, em parte, no capítulo anterior, a partir do momento em que a distribuição musical ficou livre das mídias físicas e passou a circular pela internet – em forma de arquivos MP3 ou, alguns anos mais tarde, pelas plataformas de *streaming* –, o acesso à produção musical se ampliou sensivelmente. Desse modo, o acelerado processo de transformação nas relações entre música e consumo nos últimos 20-30 anos implicou novos horizontes também nas formas de artistas e produtores divulgarem, distribuírem e adquirirem proventos com seus trabalhos.

A atual conjuntura privilegia como principal meio de disseminação e audiência musical as plataformas de *streaming*. Os relatórios do ano de 2022 da Federação Internacional da Indústria Fonográfica (IFPI) - instituição internacional que mensura o consumo mundial de músicas - revelam de que 24% do público consome fonogramas pelas plataformas pagas de *streaming* de áudio, e outros 8% o fazem sem ser assinantes (IFPI, 2022). Somando-se a esse montante os 19% de pessoas que utilizam canais que oferecem músicas em suporte de áudio/vídeo, temos que mais da metade dos consumidores ouve música por meio de plataformas virtuais.

No entanto, não devemos desprezar os tradicionais meios de consumo musical, que seguem com relativa força de audiência, como as rádios (convencionais ou *on-line*), com 17%, e as mídias físicas compradas (CD, vinil, DVD ou *downloads* pagos), as quais compreendem 10% do consumo global (IFPI, 2022). Segundo dados da Associação Americana da Indústria de Gravação (RIAA), em 2023, os estadunidenses compraram 41 milhões de discos de vinil e 33 milhões de CDs, fazendo com que, nesse mercado de mídias físicas, o formato analógico superasse o digital pela primeira vez desde 1987 (DW, 2023).

O Gráfico 2.1, a seguir, traz um infográfico que apresenta o engajamento dos consumidores mundiais de música no ano de 2021, conforme dados coletados e divulgados pela IFPI.

Gráfico 2.1 – Engajamento dos consumidores mundiais de música em 2021

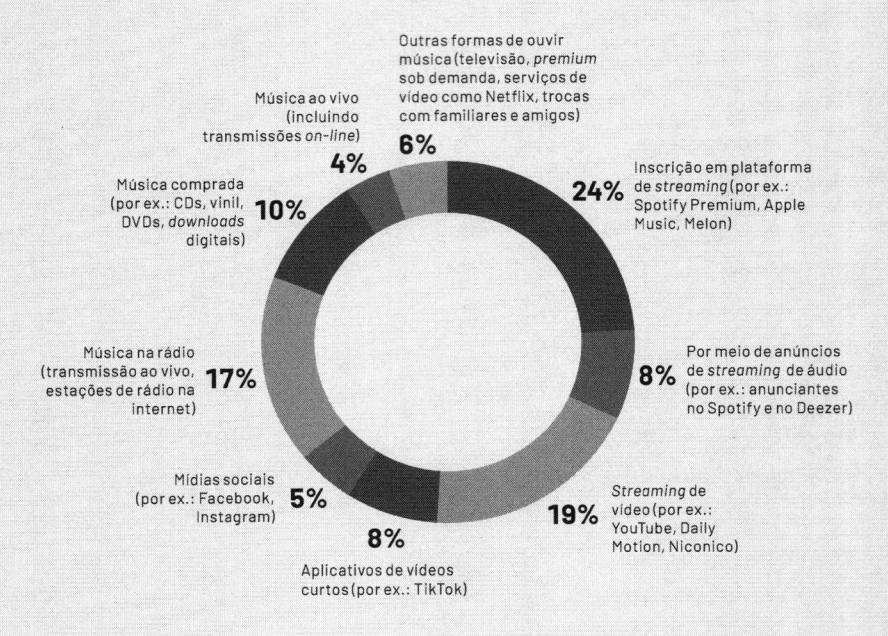

- Música ao vivo (incluindo transmissões *on-line*): 4%
- Outras formas de ouvir música (televisão, *premium* sob demanda, serviços de vídeo como Netflix, trocas com familiares e amigos): 6%
- Música comprada (por ex.: CDs, vinil, DVDs, *downloads* digitais): 10%
- Inscrição em plataforma de *streaming* (por ex.: Spotify Premium, Apple Music, Melon): 24%
- Música na rádio (transmissão ao vivo, estações de rádio na internet): 17%
- Por meio de anúncios de *streaming* de áudio (por ex.: anunciantes no Spotify e no Deezer): 8%
- Mídias sociais (por ex.: Facebook, Instagram): 5%
- Aplicativos de vídeos curtos (por ex.: TikTok): 8%
- *Streaming* de vídeo (por ex.: YouTube, Daily Motion, Niconico): 19%

Fonte: IFPI, 2022, p. 6, tradução nossa.

A distribuição musical por meio das plataformas de *streaming* transformou de diversas formas as relações entre artistas e consumidores. Mediante esse formato de escuta, bem como a difusão social e cultural, a expansão possibilita que o público, via de regra, tenha acesso quase irrestrito ao que é produzido. As novas práticas de consumo, por seu turno, converteram os ouvintes em agentes participativos desse processo, sem a anterior necessidade de contar com intermediários, como gravadoras, emissoras de rádio e TV. Nas plataformas, cada uma com suas características, é possível criar *playlists* próprias e constituir para cada usuário um universo particular de interesse, o que colabora também para o engajamento de artistas na rede.

Apesar de uma aludida "liberdade de consumo" que as plataformas – em suas formas gratuitas ou pagas – imprimem na relação produto/consumidor, precisamos considerar fatores técnicos vinculados à característica mais intrínseca desses meios: os sistemas de recomendação (SRs). Os algoritmos que registram as buscas e os hábitos dos usuários fornecem recomendações de produtos semelhantes ou relevantes de acordo com cada perfil. Tais algoritmos utilizam técnicas de aprendizado de máquina e inteligência artificial para analisar os dados do público e identificar padrões de comportamento e audição musicais. Com base nessas informações, os SRs sugerem novas músicas, artistas e *playlists* que possam ser do interesse do usuário. Entretanto, é importante lembrar que a investigação do que é relevante consiste em um julgamento fluido, baseado em métricas parciais em conformidade com os interesses dos desenvolvedores dos algoritmos (Santini; Salles, 2020).

Do ponto de vista dos artistas, os SRs proporcionam um duplo desafio: por um lado, tais sistemas podem ajudar a promover a música de artistas menos conhecidos, aumentando sua visibilidade e seu alcance. Por outro, os algoritmos de recomendação favorecem artistas mais populares e bem-sucedidos; consequentemente, é mais difícil que os músicos de menor nome sejam descobertos pelos usuários. Além disso, os SRs podem influenciar a forma como os músicos sentem e promovem sua música, já que é necessário levar em consideração a influência dos algoritmos para obter mais chances de recomendação ao público.

Contudo, segundo Santini e Salles (2020), permanecem em aberto algumas questões do consumo musical no universo virtual das plataformas de recomendação: Os usuários efetivamente cultivam nesses ambientes seus hábitos culturais ou neles se transformam por força dos sistemas algorítmicos? Os SRs induzem a uma fragmentação do público em segmentos e nichos ou é possível "driblar" essa indução para ampliar e diversificar os gostos musicais?

O mercado da música, de acordo com os dados do IFPI (2022), expressa tendências a um consumo massificado de determinados gêneros, que não apenas são catapultados pela internet, mas também contam com ampla divulgação nos meios de comunicação tradicionais, como rádios e canais de TV. No Brasil, país em que 61% da população vive nas concentrações urbanas (Agência IBGE Notícias, 2023), o persistente fenômeno da música sertaneja e de suas vertentes na liderança do mercado de consumo musical chama a atenção. Uma pesquisa de 2022 indicou que esse gênero responde por cerca de 30% da preferência dos brasileiros, com estilos como *funk*, *pop* e *rap* dividindo a segunda colocação, todos com 24% (Brêda, 2022). Além de o sertanejo passar por processos de constante modernização e hibridização com outros estilos, segundo pesquisadores, sua posição hegemônica é justificada pela grande presença tanto nas plataformas de *streaming* quanto em rádios e eventos em geral pelo país.

Indicação cultural

UBC – União Brasileira de Compositores. **Sertanejo, pisadinha e funk**: até onde podem chegar esses gêneros? 16 dez. 2022. Disponível em: <https://www.ubc.org.br/publicacoes/noticia/20973/sertanejo-pisadinha-e-funk-ate-onde-podem-chegar-esses-generos>. Acesso em: 8 dez. 2023.

Mais informações sobre o fenômeno do gênero sertanejo no Brasil podem ser obtidas no artigo indicado.

O desenvolvimento das emissões musicais através do rádio, ainda embrionário na década de 1920, foi mais substancial nas duas décadas seguintes, mesmo que esse meio utilizasse, no período, uma parte considerável de sua programação musical em execuções ao vivo (Vicente; De Marchi; Gambaro, 2016). Por uma série de fatores, como a criação dos *long plays* (LPs) e o surgimento da televisão, a partir da década de 1950 – tanto no Brasil quanto no mundo –, ganhou maior força a divulgação de fonogramas por meio do rádio, em uma relação mais efetiva com o próprio mercado de discos.

As rádios brasileiras, que, desde os anos 1960, eram grandes intermediadoras entre produção musical e público ouvinte, figuravam como uma espécie de "funil" pelo qual passavam artistas que desejassem alcançar o grande público. A força comercial das grandes gravadoras e de práticas como o jabá[4] permaneceu ativa até o início dos anos 2000, quando a maior disponibilidade de opções tecnológicas digitais começou a rivalizar com esse meio. De outra parte, pesquisas apontam que o mercado de distribuição musical brasileiro pós-internet seguiu acenando às antigas tecnologias, como o rádio (também em suas versões digitais), afirmando que o ouvinte se baseia em fatores pessoais e de confiabilidade do meio pelo qual acessa conteúdos. Nesse raciocínio, o rádio ainda seria eficiente na massificação da música "por meio da repetição e criação de memória" (Gambaro; Vicente; Ramos, 2018, p. 148).

Frédéric Martel (2015, p. 51) define a curadoria *smart* como um "duplo filtro que permite somar a potência do *big data* e a intervenção humana". Isso significa que tanto os algoritmos quanto o papel dos especialistas são importantes na triagem de conteúdos. Assim,

...
4   Como já mencionado, tratava-se de um pagamento informal para que determinadas músicas fizessem parte das grades de programação das emissoras.

haveria uma premissa de convivência entre as tecnologias e a intervenção humana em relação ao direcionamento de recomendações personalizadas ou adquiridas aos consumidores de música. Nesse sentido, as rádios e seus agentes de comunicação atuariam como uma das partes do espectro efetivamente humano do processo de uma "curadoria", a seu modo.

Acerca da prática adotada pelas emissoras de rádio de cobrar valores de artistas ou gravadoras para a execução de músicas, essa lógica, de certa forma, também permaneceu em voga nas plataformas digitais. As gravadoras propõem acordos comerciais para incluir em *playlists* músicas de seus artistas sem que os usuários tenham noção de que há patrocínios por trás das recomendações. Dessa maneira, a "curadoria" de música *on-line*, tanto quanto nas emissoras radiofônicas que se utilizam do jabá, é diretamente afetada por práticas comerciais obscuras (Santini; Salles, 2020).

2.4 Meios tecnológicos e midiáticos

Uma das mais significativas mudanças na produção musical decorrente dos meios tecnológicos recentes foi a exponencial acessibilidade às ferramentas de gravação. Nessa direção, entre músicos e produtores, ganhou força o conceito de *home studio*. Computador, interface de áudio, *softwares* de registro e edição tornaram-se mais viáveis técnica e financeiramente para muitos realizadores e são de uso corrente na atualidade.

A conexão entre artistas, suas obras, produtores musicais e gravadoras é de enorme importância no fluxo da indústria da música. A esse respeito, um dos meios mais eficientes de apresentar a ideia de um disco ou faixa a esses interlocutores consiste na realização de uma "demo" – gravação sem grandes critérios técnicos de produção e finalização. Graças à acessibilidade dos *home studios*, o procedimento de registros dessa natureza também foi muito facilitado (Paludo, 2010).

Aos músicos que dispõem de menos recursos financeiros, os *home studios* – cuja estruturação pode variar imensamente em qualidade técnica, orçamento e possibilidades – trazem diversas vantagens. Por exemplo, é possível gravar diferentes partes de uma música em casa apenas com o auxílio de uma interface de áudio e um computador. Se cada integrante de uma banda tiver condições semelhantes em suas casas, o grupo nem mesmo precisará reunir-se para efetivar a gravação de uma faixa ou álbum. Durante a pandemia de covid-19, em 2020, vários músicos fizeram trabalhos conjuntos sem sequer se conhecerem (Raner, 2021). Isto é, o deslocamento físico também é minimizado ou se torna, no limite, desnecessário.

Segundo Freitas (2017), a preservação da identidade artística dos músicos é valorizada, pois, em princípio, dispensa a necessidade de mediadores que podem interferir no processo criativo, como produtores e grandes gravadoras ou similares. O artista, nesse processo, assimila também as funções de produtor e técnico de áudio. Por certo, o desafio de um bom registro é aumentado e demanda o conhecimento ou aprimoramento dos músicos em outras dimensões vinculadas à arquitetura do processo de produção, ainda que realizado de maneira "caseira".

O acesso facilitado, em virtude do barateamento de tecnologias de audiovisual, impulsionou outro ramo importante e crescente da indústria musical: a produção de videoclipes. Nos anos 1960, a televisão era um dos principais veículos de divulgação musical no mundo. A banda The Beatles utilizou-se de recursos semelhantes à estética e ao formato do que mais tarde seria denominado *videoclipe* – uma música gravada com a montagem de imagens que podem ou não ter relação com a canção em foco. A gravação prévia de vídeos nessas condições ajudava a fortalecer as produções do grupo nas televisões – mesmo que não pudessem estar ao vivo. A *Hard Day's Night* (1964), primeiro filme da banda, autorreferenciava o grupo e, em diversos trechos, trazia a linguagem do videoclipe como referência. Outras produções audiovisuais da banda, como a gravação da música "Strawberry Fields Forever", também apresentavam a receita característica da linguagem do videoclipe, misturando cenas do grupo tocando e outras imagens no transcorrer da canção. Nas décadas de 1970 e 1980, esse recurso passou a ser sistematicamente mais usado por artistas do *mainstream*. "Bohemian Rhapsody" (1975), do grupo Queen, é considerada uma produção de referência nessa área (Carvalho, 2006).

Nos anos 1980 e 1990, surgiram canais de TV especialmente voltados à música, dos quais o videoclipe era um importante produto. No entanto, a maior popularização da produção e divulgação dos videoclipes ocorreu com o advento das tecnologias digitais, também a partir da década de 1990, em razão do acesso mais facilitado a câmeras e meios de edição, bem como do aumento na velocidade de conexão, além da criação e do fortalecimento das plataformas de *streaming* de vídeo.

Atualmente, em termos financeiros e de divulgação, a produção de videoclipes representa uma parte crucial da indústria musical. Além de serem ferramentas que promovem a música dos artistas, colaboram para aumentar suas bases de fãs. Ademais, a popularidade do consumo de conteúdos em vídeo *on-line* tem tornado os videoclipes ainda mais importantes para a propagação da música. Do ponto de vista financeiro, a produção de videoclipes pode ser uma fonte significativa de receita para os artistas, já que podem gerar milhões de visualizações nas plataformas de vídeo e, com efeito, levar a um aumento nas vendas de música e de *merchandising*. Ainda, os vídeos têm o potencial de ser fontes de receita em si, mediante recursos como a monetização.

Em termos de divulgação, os videoclipes representam uma forma de alcançar um público muito amplo, permitindo aos artistas estabelecer uma conexão com seus fãs de modo mais visual e emocional. Nesse contexto, há maior probabilidade de obter o engajamento dos fãs, principalmente nas plataformas de mídia social, contribuindo para potencializar o alcance do artista e para criar uma presença digital forte e duradoura. Com a progressiva decadência da importância do álbum como produto musical, o videoclipe passou a ser investimento de primeiro plano, o que envolve, obviamente, a escolha de uma canção de trabalho capaz de impulsionar o interesse do público. Isso pode ser conquistado por meio da conexão entre som e imagem, extrapolando-se a relevância da música em si.

Embora os valores possam variar de acordo com a produção, alguns números nos fornecem uma ideia da magnitude desse mercado. Em relatório publicado em 2022 pela IFPI, verificou-se que a receita gerada pelos *streamings* de vídeo ao setor fonográfico (incluindo plataformas de vídeos curtos) representou 27% das audições/visualizações totais da indústria musical em 2022.

Outros mecanismos que, nos últimos anos, têm alavancado o acesso a conteúdos musicais que envolvem audiovisual são os vídeos curtos. Algumas redes sociais têm disponibilizado formatos entre 30 e 90 segundos, cujos conteúdos heterogêneos abrigam, normalmente, trechos de conteúdo musical. Com o intuito de atrair o público jovem, essas redes oferecem ferramentas para que o próprio usuário crie seu conteúdo usando imagens e sons, performando peças que se assemelham ao formato de videoclipe. Além disso, danças e coreografias também dão ritmo ao conteúdo musical veiculado (Costa, 2021). Nesse caso, portanto, não é necessariamente o artista proprietário do fonograma o autor da "produção", e sim as pessoas que se utilizam de conteúdos musicais fragmentados. Nas redes, tal formato tem grande potencial de viralização e, ainda, contribui para disseminar intensamente músicas ou trechos delas. O consumo rápido e efêmero desse formato, contudo, torna certos conteúdos descartáveis com a mesma velocidade com que são veiculados.

Nas relações entre música e mídias audiovisuais, a televisão ocupou um papel central em relação à divulgação de artistas, entre as décadas de 1960 e 1980, antes do surgimento da internet. Como exemplos brasileiros, podemos citar os programas televisivos voltados a gêneros musicais nacionais, como a bossa nova e o samba, além dos festivais de música ou de canção. Naquele período, essa modalidade competitiva, transmitida passo a passo rumo a uma premiação final, atingia grandes públicos. Em 1967, o III Festival da MPB (FMPB), promovido pela TV Record, teria atingido o maior índice de audiência da história da televisão brasileira. Embora, na década seguinte, tenha entrado em declínio em termos de importância, esse modelo de produção televisiva congregava audiências presenciais e virtuais em espetáculos filmados e contribuía tanto para o impulsionamento de novos artistas quanto para a divulgação radiofônica e a vendagem de discos.

Nos anos 1970, a diminuição de espectadores dos festivais de TV estaria relacionada à migração para programas como as telenovelas (Toledo, 2010), formato que, no final da década, acabaria consolidando-se como definitivo nas grades horárias entre 18h e 22h, atingindo um enorme espectro de públicos. A indústria fonográfica, que viveu um ótimo crescimento nesse período, teve nas telenovelas um importante filão para divulgar seus produtos por meio das trilhas sonoras, conectando a grande audiência ao consumo de discos. As faixas de linguagem de cada horário de transmissão, estabelecidas durante a consolidação desse formato, permitiram que a indústria fonográfica "direcionasse produtos específicos para cada faixa de horário e, portanto, para cada público consumidor" (Toledo, 2010, p. 61). Até meados dos anos 1980, a maior emissora televisiva do país tinha a seu serviço uma gravadora que se incumbia de lançar discos com canções nacionais e internacionais quando do surgimento de uma nova telenovela da empresa. Desse modo, as gravadoras sempre tomavam parte no processo de escolha para compor as faixas dos discos (Toledo, 2010).

Por sua vez, a partir da década de 2000, um modelo de programa televisivo que ganhou relevância foi o *reality show* musical. Nesse tipo de produto, músicos/cantores e bandas são o foco central de uma tensa disputa, que, em geral, pressupõe teatralizações e conflitos envolvendo jurados e público. O formato, que em suas variantes pode envolver de crianças, jovens e iniciantes a artistas experientes ou até idosos, perscruta a noção do processo de fabricação de uma estrela, que, no âmbito do chamado *star system*, também tem importância na vendagem de fonogramas, bem como em patrocínios e em diversos produtos associados a esses artistas-celebridades alçados ao *mainstream*, atendendo tanto aos interesses econômicos da indústria da música quanto aos das emissoras de TV.

Síntese

Neste capítulo, destacamos que a evolução das tecnologias, desde o final do século XIX até o presente, acarretou profundas alterações em relação à reprodução e à distribuição de músicas. Em vários contextos históricos de transição, houve situações em que novas possibilidades sobrepujaram tecnologias estabelecidas. Contudo, em diversos momentos, procedimentos técnicos de gravação, formatos e meios de veiculação musicais conviveram simultaneamente.

A despeito de trilharmos, na atualidade, o caminho da digitalização de ponta a ponta da cadeia de produção e difusão, seguimos contando com opções analógicas de gravação, bem como suportes e veículos tradicionais, como rádio e TV, cada qual colaborando com sua parcela para o desempenho de um setor pulverizado e cheio de nuances em termos de consumo e mercados.

Atividades de autoavaliação

1. Qual é a diferença entre as gravações de música mecânicas e analógicas?
    a) As gravações mecânicas são mais precisas, mas as analógicas oferecem maior fidelidade sonora.
    b) As gravações mecânicas são realizadas em fitas magnéticas, e as analógicas ocorrem diretamente em discos de vinil.
    c) As gravações mecânicas são realizadas mediante um processo mecânico de gravação, e as analógicas utilizam tecnologias eletromecânicas.

d) As gravações mecânicas são mais antigas, e as analógicas surgiram apenas na década de 1980.

e) As gravações mecânicas são realizadas apenas em estúdios de gravação profissionais, e as analógicas podem ser feitas em casa.

2. Sobre o atual mercado de distribuição musical no Brasil, assinale a alternativa correta:

a) As plataformas de *streaming* representam a maior fatia do mercado de distribuição musical no país, seguidas pelas rádios e pelas televisões.

b) As rádios deixaram de ser a principal forma de divulgação musical no Brasil.

c) As televisões representam a maior fatia do mercado de distribuição musical no país, seguidas pelas plataformas de *streaming* e pelas rádios.

d) O mercado de distribuição musical no Brasil está em declínio, e a maioria das pessoas opta por baixar músicas ilegalmente.

e) As rádios seguem sendo a referência principal no mercado de distribuição, pautando outras mídias.

3. É possível afirmar que a distribuição da música não se restringe ao formato de áudio porque:

a) a música pode ser virtual, ou seja, não ser uma onda sonora propriamente dita e, portanto, ser uma metamúsica.

b) as plataformas de *streaming* também congregam conteúdos multimídia, especialmente partituras.

c) o videoclipe é uma das formas audiovisuais significativas de distribuição musical, especialmente a partir do acesso facilitado às tecnologias e à ascensão dos canais de *streaming* de vídeo.

d) as ondas de rádio transmitem um sinal híbrido, cuja frequência lembra os códigos binários da computação.

e) o disco de vinil traz a capa como um elemento central de divulgação, tornando essa mídia uma referência estética.

4. Qual é a definição de curadoria *smart* conforme o sociólogo Frédéric Martel (2015)?
   a) Refere-se à prática de reunir coleções de artefatos históricos em museus.
   b) É a congregação entre as sugestões do sistema de algoritmos e aquelas apresentadas por especialistas e outros agentes humanos.
   c) Relaciona-se à criação de *playlists* de música personalizadas em plataformas de *streaming*.
   d) Envolve a organização de eventos culturais ao vivo, como festivais de cinema e exposições de arte.
   e) Trata-se de um termo que diz respeito à gestão de bibliotecas digitais e arquivos *on-line*.

5. A distribuição e o consumo de música, conforme dados coletados e divulgados pela IFPI em 2021, seguem contando com múltiplas possibilidades de circulação. Nesse sentido, assinale a alternativa correta:
   a) A maior audiência se encontra nas mídias tradicionais (rádio e mídia física).
   b) As plataformas de *streaming* de áudio atualmente congregam a maioria dos ouvintes.

c) *Streamings* de áudio e vídeo compõem a parcela mais considerável das audições.

d) A televisão rivaliza com as plataformas *on-line* em termos de audiência.

e) A maioria do público ouve música nas redes sociais.

Atividades de aprendizagem

Questões para reflexão

1. A era da música e das tecnologias digitais proporcionou aos músicos em geral maior acesso às tecnologias de gravação e distribuição. A esse respeito, reflita sobre as possibilidades oferecidas por plataformas virtuais e redes sociais para a divulgação de produções musicais independentes.

2. A correlação entre som e imagem segue forte no atual panorama de distribuição musical. Sob essa perspectiva, investigue como funciona o mercado audiovisual de produção de videoclipes no Brasil. Quais são os artistas e os gêneros de maior repercussão nesse setor e em quais meios de comunicação veiculam suas produções?

Atividades aplicadas: prática

1. Faça uma pesquisa sobre estúdios de gravação que atualmente utilizam procedimentos de natureza analógica, como no caso de gravações em fitas magnéticas. Considere os fatores técnicos que contribuem para que, no Brasil e no mundo, ainda existam registros feitos com essa tecnologia. Apresente suas ponderações em um breve texto.

2. Consiga acesso a três *softwares* de edição de partitura diferentes e, em cada um deles, realize as mesmas atividades, à sua escolha, a fim de estabelecer um comparativo entre eles. Registre suas considerações em um texto.

Capítulo 3

RELAÇÕES JURÍDICAS ENTRE DIREITOS AUTORAIS E DIREITOS CONEXOS

Isadora Rodrigues Moreira da Silva

Neste capítulo, forneceremos ferramentas para que você possa analisar e conhecer os aspectos legais e organizacionais dos direitos autorais atinentes à música, assim como suas implicações sobre o uso, a reprodução e a gravação de material sonoro. Nessa perspectiva, em primeiro lugar, abordaremos as diferenças entre direito moral e direito patrimonial. Na sequência, examinaremos o funcionamento dos registros de direitos nas entidades de música, além dos direitos sobre a execução pública musical e do recolhimento do Escritório Central de Arrecadação e Distribuição (Ecad). Em seguida, analisaremos as distinções referentes à liberação dos direitos para a reprodução de fonogramas e a execução pública. Ainda, trataremos dos direitos de autor e dos direitos conexos em relação ao registro de obras fonográficas, explicaremos a diferença entre autoria e coautoria e discutiremos os mecanismos para pagamento e recebimento de direitos autorais. Também traçaremos uma perspectiva crítica acerca do atual panorama da Lei de Direitos Autorais e do controle do Ecad em tempos de digitalização. Para tanto, recorreremos aos principais artigos da lei, apresentando alguns exemplos para facilitar a compreensão.

3.1 Lei n. 9.610/1998 (Lei de Direitos Autorais)

Um dos casos controversos mais famosos envolvendo os direitos autorais de música no Brasil diz respeito ao primeiro samba de que se tem registro no país: "Pelo telefone", gravado em 1917 pela Odeon, mas registrado em 1916 pelo compositor Donga, na Biblioteca Nacional do Rio de Janeiro. A obra teria derivado de uma peça de costumes sertanejos criada coletivamente na famosa Casa da Tia Ciata, espaço cultural e terreiro de candomblé localizado no Rio de Janeiro, por outros coautores que frequentavam o local. Segundo Napolitano e Wasserman (2000, p. 173, grifo do original),

> Almirante procurava estabelecer uma ligação entre as origens do samba urbano e o elemento rural, talvez como uma estratégia de autenticação do gênero. Num diálogo direto com Francisco Guimarães, afirmava que o samba não tinha nascido no morro. Para Almirante, o primeiro samba, *Pelo Telefone*, de Donga, derivou de uma peça de costumes sertanejos denominada O Marroeiro, de Catulo da Paixão Cearense e Ignácio Rapôso. Por outro lado, na famosa "casa da Tia Ciata", os coautores que frequentavam o lugar, vindos do nordeste, acabaram por contribuir com temas regionais nessa composição coletiva. Portanto, nesta linha de argumentação, o samba, ainda que uma manifestação musical urbana, era o ponto culminante de várias sonoridades, enraizadas em regiões de povoamento antigo e bases culturais seculares.

É importante ressaltar que, apesar dessa conexão com a história da música popular brasileira, o Brasil adota a doutrina de direitos autorais originária da França, o *droit d'auteur*, o direito de autor que implica a proteção ao autor, instituído na legislação com o advento da Revolução Francesa e que difere em natureza do *copyright* praticado em países de língua anglo-saxônica, como o Reino Unido e os Estados Unidos, que protegem a obra com base no Estatuto da Princesa Anne, de 1709, o qual inspirou toda uma tradição que contrasta com a legislação brasileira. O Ato da Princesa deu proteção a um editor de livros, originando o conceito de *copyright*. Os Estados Unidos e o Reino Unido são signatários de acordos internacionais que visam estabelecer correspondências entre as duas doutrinas.

Contudo, isso não significa que as contradições entre elas tenham sido inteiramente solucionadas.

As disputas pela autoria de canções fazem parte da história da música brasileira, e algumas são bastante emblemáticas. Em 1917, Donga também inseriu no registro de "Pelo telefone" a coautoria de Mauro de Almeida. Com base nesse exemplo, podemos afirmar que a autoria de uma canção abrange dois importantes aspectos: o direito de assinar e ser reconhecido pela autoria de uma música; e o direito financeiro pela reprodução da gravação e execução da obra. Tais fatores são abordados na legislação brasileira como direito moral e direito patrimonial, respectivamente.

O primeiro estatuto sobre direitos autorais publicado no Brasil foi a Lei n. 5.988, de 14 de dezembro de 1973 (Brasil, 1973), a qual foi quase totalmente revogada em 1998, quando da promulgação da atual Lei de Direitos Autorais Brasileira (Lei n. 9.610, de 19 de fevereiro de 1998), que foi criada com o objetivo de consolidar a legislação sobre direitos autorais de obras intelectuais no país (Brasil, 1998). Com relação à música, o texto legal garante que poderá haver remuneração aos criadores sempre que suas obras forem reproduzidas publicamente ou utilizadas, desde que com a autorização dos titulares dos direitos. A legislação também assegura que os criadores das obras artísticas possam se utilizar "de seu nome civil, completo ou abreviado até por suas iniciais, de pseudônimo ou qualquer outro sinal convencional" nesses registros (Brasil, 1998, art. 12).

A Lei de Direitos Autorais brasileira determina que a proteção aos direitos dos autores independe de registro. Isso significa que vale como prova de autoria a divulgação da obra ao público por qualquer meio. Por isso, quando a obra for mantida inédita, recomenda-se que os autores a documentem. Atualmente, o registro pode ser realizado na Escola de Música da Universidade Federal do Rio de Janeiro (UFRJ).

Indicação cultural

ESCOLA DE MÚSICA DA UFRJ. **Como registrar a sua música**. 21 fev. 2010. Disponível em: <https://musica.ufrj.br/registro-autoral/como-registrar>. Acesso em: 8 dez. 2023.

Para registrar sua música, você pode acessar o *site* da Escola de Música da UFRJ. Basta preencher o formulário e anexar uma cópia da partitura e o comprovante de pagamento. Mais informações podem ser consultadas na página indicada.

O registro de uma obra é uma importante ferramenta de criação de prova jurídica para identificar e assegurar os direitos de autor. No entanto, existem outras maneiras pelas quais é possível produzir provas dessa natureza. Por exemplo, há detentores de direitos que o asseguram por meio do envio de documentos, como partituras e fonogramas, para o próprio *e-mail* ou mediante uma carta selada endereçada a si mesmo, a fim de datar a autoria.

Cabe observar as diferenças entre os direitos autorais para reprodução e gravação musical. Para reproduzir uma obra para execução de música ao vivo (em um *show* ou evento, por exemplo), é necessário proceder ao pagamento do recolhimento de direitos autorais ao Escritório Central de Arrecadação e Distribuição (Ecad), entidade responsável por recolher os direitos autorais de execução pública de música no Brasil

Quanto à regravação de uma obra, o processo é um pouco mais complexo: independentemente de haver comercialização, a distribuição de uma versão depende de autorização expressa do autor (Brasil, 1998) ou de seus herdeiros legais, e tal intermediação não é realizada pelo Ecad. Ou seja, é preciso contatar os detentores dos direitos para obter a devida autorização diretamente ou pelas associações de música.

Para o recebimento dos direitos autorais de execução pública, os artistas e demais titulares devem filiar-se a uma das associações de música vinculadas ao Ecad e manter atualizados, na entidade escolhida, os registros das canções e o repertório. Atualmente, no Brasil, as associações filiadas ao Ecad são as seguintes:

- Associação Brasileira de Música e Artes (Abramus);
- Associação de Músicos Arranjadores e Regentes (Amar);
- Associação de Intérpretes e Músicos (Assim);
- Sociedade Brasileira de Autores e Compositores (Sbacem);
- Sociedade Independente de Compositores e Autores Musicais (Sicam);
- Sociedade Brasileira de Administração e Proteção de Direitos Intelectuais (Socinpro);
- União Brasileira de Compositores (UBC).

Com o intuito de promover maior controle, a atual legislação não permite a filiação dos autores a mais de uma associação de música (Brasil, 1998).

O cadastro de fonogramas (gravações) também deve ser realizado para a cobrança de direitos de reprodução. O registro é feito pelo produtor fonográfico e, a partir disso, gera-se um ISRC (sigla para *International Standard Recording Code*, ou Código de Gravação Padrão Internacional) (Abramus, 2023a). Com o ISRC cadastrado, o Ecad consegue identificar todos os detentores e conexos, para que cada um receba sua parte dos rendimentos do fonograma pelas respectivas associações de música em caso de reprodução pública da gravação.

O código ISRC contém as seguintes informações:

- o país em que o fonograma foi registrado (02 caracteres – BR, no caso do Brasil);
- o produtor fonográfico ou proprietário legal do fonograma perante o Ecad (03 caracteres, que podem incluir números;
- o ano de produção (02 algarismos);
- o número de série dentro do catálogo do produtor fonográfico (05 algarismos – caso seja o primeiro fonograma registrado no ano, por exemplo, 00001).

Os dados referentes ao cadastro de obras musicais e fonogramas, assim como sobre os valores distribuídos aos artistas, são diretamente concedidos pelas associações. Por meio da filiação, o titular entrega um mandato para que essa cobrança seja realizada por essas entidades, as quais se tornam mandatárias de seus associados para a prática de todos os atos necessários à defesa judicial ou extrajudicial de seus direitos autorais, bem como para o exercício da atividade de cobrança de tais direitos, conforme expresso na Lei n. 9.610/1998. Isso significa que, após a filiação, os titulares autorizam que a associação controle a arrecadação e a utilização de suas canções: "Caberá às associações estabelecer, no interesse de seus associados, os preços pela utilização de seus repertórios, considerando a razoabilidade, a boa-fé e os usos do local de utilização das obras" (Brasil, 1998, art. 98, § 3º).

Além disso, a lei garante os direitos morais e patrimoniais. Os primeiros se referem ao direito exclusivo sobre a obra, inclusive de modificá-la a qualquer tempo e, até mesmo, de retirá-la de circulação. Em caso de morte, o direito de zelar pela integridade da obra é transferido aos sucessores. Quando a obra entra em domínio público, a defesa da integridade da obra artística passa a caber ao Estado brasileiro (Brasil, 1998).

3.2 Direito moral

O direito moral não tem prazo de validade e é intransferível. Trata-se de direitos inalienáveis, isto é, que não podem ser vendidos ou cedidos, e irrenunciáveis, ou seja, em nenhuma hipótese podem ser desvinculados do autor (Brasil, 1998). Portanto, o direito moral será sempre atrelado aos autores das obras. O art. 24 da Lei de Direitos Autorais brasileira assegura os seguintes direitos morais do autor:

I - o de reivindicar, a qualquer tempo, a autoria da obra;

II - o de ter seu nome, pseudônimo ou sinal convencional indicado ou anunciado, como sendo o do autor, na utilização de sua obra;

III - o de conservar a obra inédita;

IV - o de assegurar a integridade da obra, opondo-se a quaisquer modificações ou à prática de atos que, de qualquer forma, possam prejudicá-la ou atingi-lo, como autor, em sua reputação ou honra;

V - o de modificar a obra, antes ou depois de utilizada;

VI - o de retirar de circulação a obra ou de suspender qualquer forma de utilização já autorizada, quando a circulação ou utilização implicarem afronta à sua reputação e imagem;

VII - o de ter acesso a exemplar único e raro da obra, quando se encontre legitimamente em poder de outrem, para o fim de, por meio de processo fotográfico ou assemelhado, ou audiovisual, preservar sua memória, de forma que cause o menor inconveniente possível a seu detentor, que, em todo caso, será indenizado de qualquer dano ou prejuízo que lhe seja causado. (Brasil, 1998)

Em caso de morte do autor, os direitos previstos nos incisos I a IV são automaticamente transferidos aos sucessores.

3.3 Direito patrimonial

O direito patrimonial refere-se aos direitos pelos rendimentos que as obras venham a gerar a partir de sua comercialização. Ao contrário dos direitos morais, os direitos patrimoniais podem ser transferidos e vendidos a gravadoras e editoras. Para qualquer natureza de utilização das obras, é necessária a expressa autorização do autor, que pode ser suspensa a qualquer tempo (Brasil, 1998). As exceções para a cobrança de direitos autorais estão previstas em alguns casos, conforme consta no art. 46 da Lei n. 9.610/1998:

Art. 46. Não constitui ofensa aos direitos autorais:

I – a reprodução:

a) na imprensa diária ou periódica, de notícia ou de artigo informativo, publicado em diários ou periódicos, com a menção do nome do autor, se assinados, e da publicação de onde foram transcritos;

b) em diários ou periódicos, de discursos pronunciados em reuniões públicas de qualquer natureza;

c) de retratos, ou de outra forma de representação da imagem, feitos sob encomenda, quando realizada pelo proprietário do objeto encomendado, não havendo a oposição da pessoa neles representada ou de seus herdeiros;

d) de obras literárias, artísticas ou científicas, para uso exclusivo de deficientes visuais, sempre que a reprodução, sem fins comerciais, seja feita mediante o sistema Braille ou outro procedimento em qualquer suporte para esses destinatários;

II – a reprodução, em um só exemplar de pequenos trechos, para uso privado do copista, desde que feita por este, sem intuito de lucro;

III – a citação em livros, jornais, revistas ou qualquer outro meio de comunicação, de passagens de qualquer obra, para fins de estudo, crítica ou polêmica, na medida justificada para o fim a atingir, indicando-se o nome do autor e a origem da obra;

IV – o apanhado de lições em estabelecimentos de ensino por aqueles a quem elas se dirigem, vedada sua publicação, integral ou parcial, sem autorização prévia e expressa de quem as ministrou;

V – a utilização de obras literárias, artísticas ou científicas, fonogramas e transmissão de rádio e televisão em estabelecimentos comerciais, exclusivamente para demonstração à clientela, desde que esses estabelecimentos comercializem os suportes ou equipamentos que permitam a sua utilização;

VI – a representação teatral e a execução musical, quando realizadas no recesso familiar ou, para fins exclusivamente didáticos, nos estabelecimentos de ensino, não havendo em qualquer caso intuito de lucro;

VII – a utilização de obras literárias, artísticas ou científicas para produzir prova judiciária ou administrativa;

VIII – a reprodução, em quaisquer obras, de pequenos trechos de obras preexistentes, de qualquer natureza, ou de obra integral, quando de artes plásticas, sempre que a reprodução em si não seja o objetivo principal da obra nova e que não prejudique a exploração normal da obra reproduzida nem cause um prejuízo injustificado aos legítimos interesses dos autores. (Brasil, 1998)

Importante!

No Brasil, as concessões de liberação de direitos autorais recém-listadas são alvo de várias polêmicas e controvérsias jurídicas. Em diversos países, existem outras formas de aplicação de concessões para a utilização de trechos de obras, como é o caso de *samples* de músicas. Por exemplo, nos Estados Unidos, a lei do *fair use* (uso justo) permite o uso de "boa-fé" de trechos de terceiros.

A doutrina do *fair use* (uso justo), consiste em um conjunto de diretrizes no Título 17, parágrafo 107 (*Limitations on exclusive rights: Fair use*) do Estatuto do Direito Autoral dos Estados Unidos (*US Copyright Statute*) que permite a utilização de trabalhos de propriedade autoral de outras pessoas em certas situações não havendo a infração do conteúdo do proprietário.

[...]

O *fair use* surge para harmonizar a proteção autoral e principalmente a liberdade de expressão, repercutindo na garantia de que o Direito Autoral não se sobressaia aos demais direitos individuais, com isso, possa prevenir a rígida aplicação dos estatutos autorais em circunstâncias que reprimam a criatividade que a proteção autoral se destina.

Portanto, podemos conceituar o *fair use* como o princípio norteador da limitação da proteção autoral, do qual realiza o

> balanceamento das liberdades individuais de propriedade e expressão com a finalidade de preservar e fomentar a criatividade autoral. (Becker, 2022)

3.4 Direitos autorais e direitos conexos

Para além dos autores, a lei garante que intérpretes, músicos, executantes e produtores fonográficos também recebam pela gravação, como direitos conexos, os quais são garantidos mediante o registro dos fonogramas pelo ISRC. O responsável por esse cadastro é o produtor fonográfico. A partir desse registro, faz-se a divisão dos recursos entre ele, intérprete e músicos acompanhantes (UBC, 2023b).

A distribuição dos recursos ocorre da seguinte maneira: caso a música seja executada a partir de um fonograma, a parte autora tem direito a 2/3 (dois terços) do direito autoral devido, e a parte conexa (intérprete, produtor fonográfico e músicos), a 1/3 (um terço).

Para a parte conexa, os valores são distribuídos assim:

- 41,7% – intérprete (artista principal, banda, dupla, trio, grupo);
- 16,6% – músicos acompanhantes[1];
- 41,7% – produtor fonográfico (gravadoras, selos ou pessoas físicas que financiam a gravação).

---

1 Esse montante é dividido pela quantidade de músicos participantes da gravação.

Gráfico 3.1 – Distribuição de valores para as partes conexas

- Músicos acompanhantes: 16,6%
- Produtor fonográfico: 41,7%
- Intérprete: 41,7%

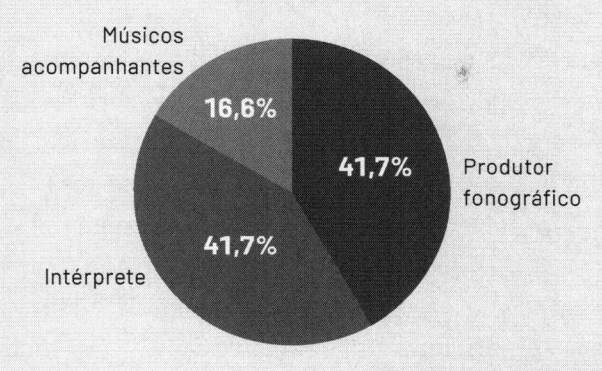

Fonte: Elaborado com base em UBC, 2023b.

Para exemplificar, vamos supor que uma música gravada por João, que é o artista principal, e sua banda tenha rendido R$ 1.000,00 a serem recebidos. Então, desse valor, Maria, a produtora fonográfica, e João recebem R$ 417,00 cada um. Por seu turno, os R$ 166,00 restantes são divididos entre os integrantes da banda (Jéssica, Pedro e Natália), ou seja, R$ 55,33 para cada músico registrado no fonograma. O prazo de proteção aos direitos conexos é de 70 anos.

3.5 Domínio público

O domínio público consiste na liberação irrestrita para a utilização de obras em qualquer hipótese, inclusive para a gravação da obra original e/ou de versões, desde que os direitos morais do autor sejam mantidos, isto é, deve-se publicar a autoria original, quando possível. Existem obras que estão em domínio público cujos autores são desconhecidos, como é o caso de obras vinculadas à transmissão oral e à cultura popular brasileira.

Como explicamos anteriormente, os direitos morais do autor perduram para sempre, porém os direitos patrimoniais de obras são considerados de domínio público após 70 anos contados da data de morte dos autores (Brasil, 1998). No caso de autores falecidos que não tenham deixado sucessores, as obras também podem ser consideradas de domínio público, assim como as de autores desconhecidos, ressalvada a proteção legal aos conhecimentos étnicos e tradicionais (Brasil, 1998). Quando as obras entram em domínio público, passa a caber ao Estado a defesa da integridade da autoria.

Indicação cultural

DOMÍNIO PÚBLICO. Disponível em: <http://www.dominiopublico.gov.br>. Acesso em: 8 dez. 2023.

No Brasil, desde 2004, o governo federal administra uma biblioteca virtual que concentra obras em domínio público. O acervo está disponível para consulta no *link* indicado e, em sua maioria, é composto por obras que estão em domínio público ou que contam com a devida licença por parte dos titulares dos direitos autorais pendentes. Mas, atenção, nem sempre o acervo está atualizado, pois as informações são atualizadas automática e rapidamente e dependem de esforços políticos para sua manutenção.

Há casos em que os detentores dos direitos autorais podem se abster de tais direitos. Um exemplo disso é o artista Hermeto Pascoal. Por meio de uma carta[2] bem-humorada escrita à mão,

...
2   A carta pode ser conferida em Barreto (2009).

Hermeto oficializou, em 2008, que todas as suas composições presentes em sua discografia estão liberadas aos músicos do Brasil e do mundo.

3.6 Escritório Central de Arrecadação e Distribuição (Ecad)

O Ecad, como mencionamos, é um órgão privado responsável pela fiscalização, arrecadação e distribuição dos direitos autorais no Brasil, sendo a única entidade apta a recolher os recursos arrecadados por meio da execução pública de músicas. Foi criado em 1973 por meio da Lei n. 5.988, em uma época na qual era difícil fazer o devido controle da utilização das obras artísticas e intelectuais no país.

Para liberações de *shows* e eventos, a entidade sempre deve ser consultada por intermédio do escritório mais próximo em funcionamento. A liberação do Ecad para eventos pode ser realizada mediante o pagamento (i) de uma taxa fixa calculada pelo órgão com base no repertório utilizado, no local de execução, na capacidade de público etc. ou (ii) de um valor calculado sobre determinada porcentagem de venda sobre a bilheteria. Esta última é a forma mais vantajosa para produtores independentes, que não contam com grandes orçamentos para fazer o pagamento antecipado dos direitos. No caso de ocorrer descumprimento dessa prerrogativa, o produtor responsável pela não liberação antecipada poderá ser penalizado mediante aplicação de multa.

Embora seja alvo de muitas controvérsias e descontentamentos por parte de artistas e outros profissionais vinculados ao setor, como explicaremos adiante, o Ecad segue sendo uma entidade que contribui com a remuneração de profissionais do segmento musical. À época de seu surgimento, a entidade tinha um caráter de extrema importância. Contudo, pelas próprias brechas da legislação nacional, bem como pela possibilidade de digitalização que se desenvolveu nas últimas décadas, entrou em voga uma série de controvérsias referentes ao controle total da arrecadação e distribuição dos recursos, fato que gerou um debate público que culminou na criação de uma Comissão Parlamentar de Inquérito (CPI) realizada em 2012.

Curiosidade

A CPI atua em um prazo determinado a fim de investigar fatos ou irregularidades relacionados à gestão pública. Ela tem amplo poder investigatório, porém não julga nem tem poder punitivo, pois estes são encargos do Poder Judiciário.

Antes disso, entretanto, na intenção de mitigar tal problema, foi criado, em 1986, o Conselho Nacional de Direito Autoral (CNDA), órgão estatal que teria a função de fiscalizar e deferir a atuação do Ecad. A entidade foi encerrada em 1991, durante o governo Collor, junto a outras ações que impactaram negativamente o desenvolvimento do setor cultural brasileiro, como a extinção da Empresa Brasileira de Filmes S.A. (Embrafilme) e do próprio Ministério da Cultura (MinC). Foi somente em 2013, como resultado de muitas reivindicações das entidades representativas, como o Fórum da Música, que o MinC reformulou parte da Lei de Direitos Autorais ao propor ao Ecad e às associações de música maior rigidez na fiscalização.

A reformulação da Lei n. 9.610/1998 foi produto de uma CPI do Senado que ocorreu em 2012 e que resultou no projeto de lei elaborado pelo Departamento de Direitos Intelectuais do MinC juntamente com a equipe legislativa que assessorou a CPI. Sancionada como Lei n. 12.853, de 14 de agosto de 2013 (Brasil, 2013), ela alterou a Lei n. 9.610/1998 exclusivamente no que concerne à gestão coletiva de direitos autorais da música, objeto de que trata o Ecad. Consequentemente, a entidade passou a gozar de maior transparência em sua gestão.

Sabemos que, por meio do Ecad, organizações e estabelecimentos que utilizarem publicamente músicas registradas devem repassar os recursos para as entidades conveniadas, as quais os destinam aos detentores dos direitos. Entretanto, o controle referente à execução de músicas – como no caso das *playlists* que tocam em lojas, academias, farmácias etc. – é praticamente inviável. Por isso, o questionamento sobre os critérios de distribuição, de fato, é compreensível. Contudo, com relação às emissoras de rádio e TV e às plataformas de *streaming*, esse controle é mais facilitado, uma vez que os materiais ficam registrados, e *softwares* de identificação são capazes de reconhecer parte dos repertórios utilizados. Por sua vez, alguns *shows* e eventos passam pela fiscalização local do Ecad. No entanto, lojas, boates, cinemas (desconsiderando-se trilhas sonoras de filmes), academias, hotéis, entre outros estabelecimentos, são obrigados a recolher os direitos autorais junto ao Ecad, sob pena de multa.

3.7 Requisitos de autoria e coautoria

A legislação brasileira esclarece que **autor** "é a pessoa física criadora de obra literária, artística ou científica" (Brasil, 1998, art. 11). Além disso, também é titular dos direitos de autor "quem adapta, traduz, arranja ou orquestra obra em domínio público, não podendo opor-se a outra adaptação, arranjo, orquestração ou tradução, salvo se for cópia da sua" (Brasil, 1998, art. 14). Ainda, "considera-se autor da obra intelectual, não havendo prova em contrário, aquele que, por uma das modalidades de identificação referidas no artigo anterior, tiver, em conformidade com o uso, indicada ou anunciada essa qualidade na sua utilização" (Brasil, 1998, art. 13).

Já o **coautor** é parte integrante da criação, e sua contribuição pode ser analisada separadamente pelas entidades. A ele são asseguradas todas as faculdades inerentes à sua criação aplicadas à obra individual. Contudo, não se permite nenhum uso que possa acarretar prejuízo à exploração da obra comum. No caso de obras coletivas, "qualquer dos participantes, no exercício de seus direitos morais, poderá proibir que se indique ou anuncie seu nome na obra coletiva, sem prejuízo do direito de haver a remuneração contratada" (Brasil, 1988, art. 17, § 1º). Porém, a coautoria não serve para contribuições pontuais. Segundo a lei, não é considerado coautor o indivíduo que auxiliou o autor na produção da obra, "revendo-a, atualizando-a, bem como fiscalizando ou dirigindo sua edição ou apresentação por qualquer meio" (Brasil, 1998, art. 15, § 1º).

Versionistas, ou seja, artistas que se baseiam em uma obra original para compor um novo material, também podem tornar-se titulares de direitos autorais dessa segunda obra, desde que tenham a autorização do autor para realizar a derivação. Isso porque, como comentamos, quem adapta, traduz, arranja ou orquestra obra em domínio público também é titular de direitos – preservando-se, nesses casos, os direitos morais do autor (Brasil, 1998).

Um caso recente que veio a público diz respeito à difusão não autorizada da versão da música "Faking Love", intitulada "Fake amor", pela cantora Melody, contestada pela compositora Anitta e pelos coautores. A versão brasileira foi barrada pelos detentores dos direitos, que, embora não tenham solicitado à versionista a remuneração pelas execuções públicas, não permitiram a reprodução de tal versão. Conforme a legislação, não é possível derivar uma obra, isto é, utilizar trechos ou elementos fundamentais ou produzir arranjos, sem a expressa autorização dos autores, mesmo que eles não demandem a remuneração pela execução pública.

3.8 Mecanismos de pagamento e recebimento de direitos autorais

Como mencionamos anteriormente, o Associações é o único órgão autorizado por lei a fazer a arrecadação musical. Após o recolhimento, o valor é repassado às Ecad filiadas, que, consequentemente, destinam o recurso aos detentores dos direitos (Ecad, 2021). A definição dos valores a serem pagos varia de acordo com critérios específicos, tais como: o local em que a música é tocada; sua relevância para o negócio; o ramo de atividade; o tipo de utilização musical; a região socioeconômica do estabelecimento. Lojas comerciais, emissoras de rádio e cinemas, por exemplo, contam com sistemas de cobrança diferenciados.

O cálculo do direito autoral é realizado com base nos critérios estabelecidos no regulamento de arrecadação e na tabela de preços, documentos definidos em assembleias pelas associações de música que administram o Ecad. Atualmente, a distribuição dos recursos arrecadados ocorre da seguinte maneira: 85% para artistas, gravadoras, intérpretes e editoras; 6% para as associações de música; e 9% para o Ecad (Ecad, 2023).

Gráfico 3.2 – Distribuição dos recursos arrecadados pelo Ecad

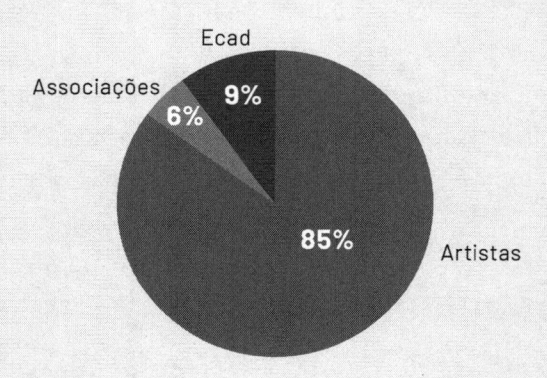

Ecad 9%
Associações 6%
Artistas 85%

Fonte: Elaborado em base em Ecad, 2023.

Existem várias formas de utilizar músicas com a devida remuneração aos autores, mas todos os espaços de reprodução musical necessitam de regulamentação. Os principais exemplos são emissoras de TV, empresas de radiodifusão e de telefonia celular, páginas de internet, bem como produtores de *shows*, organizadores de festas e eventos, proprietários de bares, restaurantes e hotéis, entre outros.

O valor-base para o pagamento de direitos é a Unidade de Direito Autoral (UDA), usada como referência para estabelecer o preço cobrado por parâmetro físico ou o valor mínimo na participação da receita (UBC, 2023a). O valor unitário da UDA é definido e reajustado periodicamente. No Capítulo 6, explicaremos como é feita a arrecadação de direitos autorais em plataformas de *streaming* e distribuição digital.

Síntese

A Lei de Direitos Autorais brasileira foi criada com o intuito de regulamentar e proteger os direitos morais e patrimoniais dos autores, assim como estabelecer as regras para a arrecadação, a distribuição e a atuação do Estado com relação às obras de domínio público. Ainda, a legislação define a atuação das associações vinculadas e o funcionamento do Ecad. O direito moral abordado no texto legal indica que o vínculo entre um autor e sua obra é eterno. Por seu turno, o direito patrimonial pode ser vendido, negociado e distribuído pelos detentores por 70 anos após a morte dos autores. Após esse tempo, a obra entra em domínio público, isto é, torna-se passível de livre utilização, desde que sejam mantidos os créditos dos autores.

Indicações culturais

FALANDO de música com Marisa Gandelman. **Fica a Dica Premium**, 13 fev. 2020. Disponível em: <https://www.youtube.com/watch?v=2ORp9JcYad8>. Acesso em: 8 dez. 2023.
No vídeo indicado, o músico, arranjador e compositor Nelson Faria recebe em seu programa a advogada especialista em direitos autorais Marisa Gandelman.

PELO telefone (1916). 26 jan. 2011. Disponível em: <https://www.youtube.com/watch?v=woLpDB4jjDU>. Acesso em: 8 dez. 2023.
Ouça a gravação original de "Pelo telefone", de 1916, o primeiro samba brasileiro de que se tem registro.

EVERYTHING is a remix Part 1 (2021), by Kirby Ferguson. 7 set. 2021. Disponível em: <https://www.youtube.com/watch?v=MZ2GuvUWaP8>. Acesso em: 8 dez. 2023.

> Essa série documental apresenta quatro episódios que abordam a história e o significado cultural de *samples* e da criação colaborativa.
>
> WHO SAMPLED. Disponível em: <https://www.whosampled.com/>. Acesso em: 8 dez. 2023.
> A página Who Sampled contém *samples* aplicados em sons por todo o mundo.

Atividades de autoavaliação

1. Sobre os direitos patrimoniais, assinale a alternativa correta:
    a) Relacionam-se aos direitos de preservação do patrimônio de um autor.
    b) Relacionam-se aos vínculos personalíssimos de um autor com uma obra.
    c) São direitos econômicos resultantes da exploração da obra de um autor.
    d) São direitos de exibição de uma obra.
    e) Nenhuma das alternativas anteriores.

2. A respeito dos direitos morais, assinale a alternativa **incorreta**:
    a) São direitos infinitos de vinculação de um autor com sua obra.
    b) Incluem os direitos da não reprodução das obras pelo autor a qualquer tempo.
    c) Incluem os direitos de recebimento de direitos autorais pelas associações de música.
    d) São direitos inalienáveis e irrenunciáveis.
    e) Asseguram o direito de conservar a obra inédita.

3. A respeito da atuação do Ecad, avalie as afirmações a seguir e indique V para as verdadeiras e F para as falsas.
   ( ) É responsabilidade do Ecad efetuar cobranças referentes à exibição de conteúdos de direitos autorais.
   ( ) O Ecad é respaldado pela Lei n. 9.610/1998, a Lei de Direitos Autorais brasileira.
   ( ) O Ecad transfere os valores arrecadados diretamente para os detentores dos direitos autorais.
   ( ) O Ecad transfere os valores arrecadados às associações de música, e estas repassam aos detentores associados.
   ( ) O Ecad foi criado em 1998, contemporaneamente à atual Lei de Direitos Autorais brasileira.

   Agora, assinale a alternativa que apresenta a sequência obtida:
   a) F, F, F, F, V.
   b) F, F, V, V, V.
   c) V, F, F, V, F.
   d) V, V, F, V, F.
   e) V, F, V, V, F.

4. A respeito da titularidade dos direitos de autor, avalie as afirmações a seguir e indique V para as verdadeiras e F para as falsas.
   ( ) Considera-se titular quem adapta, traduz, arranja ou orquestra obra em domínio público, não podendo opor-se a outra adaptação, arranjo, orquestração ou tradução, salvo se for cópia de sua própria produção.
   ( ) Considera-se titular quem adapta obras de terceiros.
   ( ) Considera-se titular o autor da obra original.
   ( ) Considera-se titular o intérprete da obra original.
   ( ) Consideram-se titulares o arranjador e o intérprete da obra original.

Agora, assinale a alternativa que apresenta a sequência obtida:

a) F, F, F, F, V.
b) F, F, V, V, V.
c) V, F, F, V, F.
d) V, V, F, V, F.
e) V, F, V, F, F.

5. A respeito das obras que estão em domínio público, avalie as afirmações a seguir e indique V para as verdadeiras e F para as falsas.

( ) Enquadram-se nessa categoria as obras artísticas após 50 anos da morte do autor.
( ) Enquadram-se nessa categoria as obras artísticas após 70 anos da morte do autor.
( ) Quando a obra é transferida para o domínio público, a defesa da integridade da obra artística passa a caber ao Estado brasileiro.
( ) Obras de cultura de tradição oral de autoria desconhecida são consideradas de domínio público.
( ) Há casos em que os detentores dos direitos autorais podem se abster dos direitos, tornando as obras de domínio público.

Agora, assinale a alternativa que apresenta a sequência obtida:

a) F, F, F, F, V.
b) F, V, V, V, V.
c) V, F, F, V, F.
d) V, V, F, V, F.
e) V, F, V, F, F.

Atividades de aprendizagem

Questões para reflexão

1. Qual é sua opinião sobre a atuação do Ecad nos dias de hoje?

2. Você se interessa em se filiar a alguma associação de música? Por quê?

Atividades aplicadas: prática

1. Nesta atividade, você aprenderá a fazer a liberação de um evento. Entre em contato com o Ecad da região em que você se encontra e solicite os modelos de formulários para a liberação de um *show* ou evento. Prepare um roteiro musical para a liberação dos direitos autorais e envie-o à entidade. Solicite um orçamento para pagamento antecipado ou o valor percentual da venda de ingressos.

2. Você saberia analisar musicalmente um plágio? Em 2021, o compositor Toninho Geraes solicitou que a cantora Adele reconhecesse a utilização de sua música "Mulheres", famosa na voz de Martinho da Vila, na versão "Million Years Ago", creditada a Adele e ao produtor musical Greg Kurstin e presente no álbum intitulado 25, lançado em 2015 pela cantora. A equipe de Toninho encomendou laudos técnicos com três peritos musicais, com a missão de destrinchar tecnicamente as duas obras e identificar sua autoria. Então, sugerimos a você que ouça as duas versões e, em seguida, produza um laudo técnico com suas considerações, justificando seu posicionamento.

Capítulo 4

PROGRAMAS DE INCENTIVO À PRODUÇÃO CULTURAL

Isadora Rodrigues Moreira da Silva
e Otavio Zucon

Neste capítulo, abordaremos as políticas de cultura em seus mais diversos aspectos – fomento, participação social, democratização do acesso, diversidade, pluralidade e transversalidade –, tanto em relação à sua trajetória histórica quanto em relação aos termos em que se encontra atualmente. É importante considerar que existem marcos legais e institucionais dessas políticas, os quais, de tempos em tempos, são alterados ou mesmo suprimidos, por meio de mudanças de governo. Nesse cenário, também surgem novos pontos de vista, estimulados por debates que envolvem a sociedade civil organizada e organizações – órgãos colegiados, câmaras setoriais no parlamento, conferências deliberativas etc. Por fim, apresentaremos algumas das estruturas básicas vinculadas a tais políticas, constituídas especialmente pelo Sistema Nacional de Cultura (SNC).

4.1 Políticas culturais: sistemas de cultura, mecanismos de participação social e transversalidade da cultura

No Brasil, em termos gerais, as políticas culturais deram seus primeiros passos na década de 1930. À época, no plano federal, assim como no âmbito dos estados e dos municípios, alguns mecanismos efetivos começaram a ser estruturados para atender ao setor. No período Vargas (1930-1945), foram elaborados os primeiros marcos legais e institucionais. Novas políticas se incorporaram, em parte, aos ares de modernização do país, trazidos pela valorização do mundo urbano e industrial e pela ascensão de valores mais cosmopolitas.

Gustavo Capanema, chamado a ocupar o Ministério da Educação e Saúde Pública entre 1934 e 1945, foi incumbido de tratar das políticas de cultura, também abrigadas em sua pasta. Por trás desse processo, havia uma forte ideia de desenvolver na população ideais nacionalistas, de brasilidade, que estivessem em consonância com a alta cultura, o que incluía o fomento às artes e às letras. Educar para a "cultura" era uma das premissas centrais.

Entretanto, segundo Rubim (2007), no contexto desse governo de natureza autoritária, estabeleceu-se um relacionamento ambíguo entre o Ministério e a intelectualidade. Isso porque a entidade governamental impingia ao fazer artístico, de um lado, uma atuação "negativa" – com repressão e censura – e, de outro, uma atuação "afirmativa", mediante a criação de leis, práticas e órgãos estatais de cultura. A partir disso, foram demarcadas complexas e problemáticas relações entre o autoritarismo governamental e as políticas culturais no país. Apesar de tais contradições e dilemas, houve certa acomodação de ânimos. Abriram-se, assim, perspectivas de ação que chamaram os intelectuais a tomar parte na construção dessa fase inicial das políticas públicas de cultura.

Para dar conta desse projeto, Capanema conseguiu se aproximar de intelectuais de renome e de artistas progressistas, conclamando-os à tarefa de alçar as artes e a cultura a outro patamar. Entre os participantes desse movimento estavam o escritor Carlos Drummond de Andrade, seu chefe de gabinete, o pintor Cândido Portinari, o arquiteto Oscar Niemeyer, o músico Heitor Villa-Lobos e o pesquisador e escritor Mário de Andrade.

A trajetória artística de Mário de Andrade, iniciada na década de 1910, tomou corpo a partir de sua participação na Semana de Arte Moderna, em 1922, passando pelas letras e, de maneira substancial, pelas pesquisas de caráter etnográfico. O escritor brasileiro participou de expedições pelo país que o fizeram entrar em contato com as raízes culturais do povo brasileiro, razão pela qual se apaixonou especialmente pelos temas vinculados ao folclore e à música. Por suas credenciais intelectuais, foi chamado por Capanema a redigir um anteprojeto de lei de proteção ao patrimônio histórico e artístico brasileiro. Mário de Andrade, então, elaborou um documento por meio do qual criava o Serviço do Patrimônio Histórico e Artístico e Nacional (Sphan), avançando para além do patrimônio material (edificações, monumentos etc.). A intenção era estabelecer as primeiras premissas legais em direção à preservação do que chamaríamos, décadas mais tarde, de *patrimônio imaterial* ou *intangível* – elencando em seu texto a proteção às obras de "arte popular" e "arte ameríndia" (Klamt, 2003). Embora tais menções tenham sido suprimidas da Lei n. 378, de 13 de janeiro de 1937 (Brasil, 1937), este foi um dos mecanismos legais para a área da cultura naquele período. As arrojadas ideias do autor modernista seriam retomadas décadas depois, entre os anos 1970 e 1980, consolidando-se especialmente a partir da promulgação da Carta Magna de 1988.

Mário de Andrade também foi convidado a ocupar o cargo de dirigente do Departamento de Cultura e Recreação de São Paulo, instituição criada em 1935 como eixo de formulação e execução de políticas de cultura locais que se pretendia serem o norte para o estabelecimento de marcos nacionais gestados a partir da então rica e emergente metrópole que protagonizava o desenvolvimento e a modernização do país. Como explica Eduardo Sena (2019, p. 7),

> As iniciativas do departamento tinham por objetivo diminuir as assimetrias de acesso aos bens culturais, ainda restritos a uma pequena parcela da população, por meio da ampliação das ações

de expansão cultural e de criação de novos públicos para o fazer cultural. O sentido que atribuímos hoje ao conceito de democratização cultural pode ser aplicado ao DC [Departamento de Cultura], com as ressalvas semânticas e históricas necessárias.

Observando o grande surto de desenvolvimento urbano-industrial do país como uma ameaça à preservação das referências de matriz rural e popular, Mário de Andrade investiu os recursos financeiros disponíveis em seu poder no Departamento de Cultura de São Paulo em um ambicioso projeto: a Missão de Pesquisas Folclóricas, uma viagem para registros em filme, áudios e fotografias nas regiões Norte e Nordeste do Brasil, em 1938.

O escritor se colocava na tarefa de "mostrar o Brasil aos brasileiros" e preservar as memórias nas quais o progresso parecia estar desinteressado. No transcorrer da década de 1930, ele fortaleceu, por meio de outras ações, o setor musical: foi colaborador no projeto de reforma da Escola Nacional de Música; implementou em São Paulo a discoteca pública e o registro musical do folclore; promoveu concertos para trabalhadores no Teatro Municipal paulista, entre outras ações. Para além das referências que as experiências do Departamento de Cultura de São Paulo propiciaram ao setor, o período Vargas consolidou alguns importantes marcos institucionais, como a criação do Instituto Nacional de Cinema Educativo (Ince) e do Instituto Nacional do Livro (INL).

Com relação à área da música, a regulamentação do setor de radiodifusão, em 1932, colaborou intensamente para seu desenvolvimento. A Rádio Nacional, emissora de grande porte sediada no Rio de Janeiro e tornada pública em 1940, foi um dos trampolins de divulgação musical e também fez com que muitos músicos, atores e técnicos se aprimorassem.

Outra frente, coordenada por Heitor Villa-Lobos, consistiu em um projeto de educação musical no meio escolar, implementado a partir de 1932. Nesse contexto, além dos marcos legais, ocorreram a elaboração de materiais didáticos, a administração de cursos para professores e, ainda, a oferta de aulas e apresentações de canto orfeônico – formato e técnica de canto coletivo ajustado à ideia de multidões e que não demanda conhecimento profundo de técnica e teoria musical. O ambicioso projeto de Villa-Lobos trazia em seu bojo os desejos de uma disciplina de caráter militarista e, simultaneamente, uma educação musical direcionada aos campos erudito e popular (Guérios, 2009).

A partir da década de 1950, os rumos das políticas de cultura passaram oficialmente a caminhar conectados à área de educação. O marco desse período foi a criação do Ministério da Educação e Cultura (MEC), em 1953. A noção de que tais setores eram correlatos ou apresentavam forte transversalidade era premissa desde os anos 1930, nos governos Vargas e Kubitschek (1956-1961); no entanto, ganharam força, nesse momento, como parte do projeto desenvolvimentista, de modernização do país, tanto no âmbito interno quanto no externo (Venâncio, 2018). Sob essa perspectiva, políticas estaduais de cultura começaram a tomar forma, caminhando junto à educação ou como extensão e parte desta. Nesse sentido, a Constituição do Estado da Bahia, em 1947, já sinalizava essa direção, dedicando um capítulo específico às estruturas estatais e a seu funcionamento. O parágrafo 4º do art. 117 da lei baiana evidencia vários elementos estruturantes do que chamamos de *políticas culturais*, como a administração pública como eixo, a presença de conselhos e o poder coordenador (e até coercitivo) do Estado:

>Art. 117. [...]

§ 4º Ao diretor de Educação e Cultura competem as funções de administração do sistema estadual de ensino e cultura, inclusive o exercício do poder de disciplina, e, nos termos da Lei Orgânica e com aprovação do Conselho, nomear, promover, aposentar, exonerar ou demitir os membros do magistério e funcionários de serviço de educação e cultura. (Bahia, 1947)

Como abordaremos na sequência, tais aspectos constituíram as raízes iniciais estabelecidas entre as décadas de 1930 e 1950 para o que experienciamos atualmente: um conjunto de estruturas, legais e institucionalizadas, que teriam como norte a participação social, a disseminação das artes em suas mais diversas dimensões, a divulgação e a preservação da cultura e dos patrimônios regional e nacional junto à população.

Nas décadas de 1960 e 1970, novamente um regime de exceção se firmou no país, colocando o fazer artístico sob rígido controle e movimentando o aparato de repressão estatal contra quem pretendesse expressar-se criticamente. Em 1975, houve a estruturação de alguns órgãos federais de cultura, tais como a Fundação Nacional de Artes (Funarte), que também passou a atuar na área da música e que visava ao financiamento cultural. Além dessa entidade, diversas outras instituições culturais surgiram nesse período. Alguns exemplos são o Centro Nacional de Referência Cultural (CNRC), em 1975, o Conselho Nacional de Cinema (Concine), em 1976, a Empresa Brasileira de Radiodifusão (Radiobrás), em 1976, e a Fundação Pró-Memória, em 1979 (Miceli, 1984).

O Ministério da Cultura (MinC) foi criado em 1985, após o fim da ditadura militar, a partir da pressão política de secretários estaduais de cultura de todo o país. Depois de sua institucionalização, o órgão sofreu alguns desmontes internos e foi ameaçado no governo Collor por uma medida provisória, a qual foi revertida depois do *impeachment* desse presidente.

De acordo com Rubim (2007), foi no governo de Fernando Henrique Cardoso (1995-2002) que os mecanismos de incentivo à cultura se consolidaram com mais força, por meio da renúncia fiscal. Ou seja, o Estado abriu mão de parte da arrecadação de impostos para que as empresas revertessem tais valores em incentivo a projetos culturais. Para o autor, em tal contexto, concretizou-se a imposição dos interesses das organizações em detrimento do que deveria ser público. Nesse período, houve o aumento de recursos federais para a área da cultura, alavancando o número de empresas que utilizavam as leis de incentivo e, também, a quantidade de projetos apoiados/financiados por mecanismos de renúncia fiscal.

Essa modalidade de incentivo, representada no plano federal pela Lei Rouanet (oficialmente, Lei Federal de Incentivo à Cultura), desde sua implementação em 1991 seguiu sendo reformada e tornou-se o principal mecanismo nacional de acesso a recursos para o setor. Entre os problemas vinculados à aplicação dessa lei, destaca-se a dificuldade de acesso à maioria dos artistas e realizadores, em razão da complexidade burocrática, bem como da grande concentração de recursos sobretudo nas regiões Sudeste e Sul e em projetos de artistas renomados.

O primeiro Plano Nacional de Cultura (PNC) foi esboçado em 1975, em plena ditadura militar, mas foi no governo Lula, com Gilberto Gil à frente do MinC, que as políticas culturais nacionais deixaram de ser resumidas às leis de incentivo para constituírem políticas de valorização da diversidade afirmativa de direitos culturais, com ampla participação social. Em 2012, a Lei do Sistema Nacional de Cultura passou a constar na Constituição Federal sob a prerrogativa de que a cultura é um direito de toda a população (Brasil, 2012). Fazendo uma comparação simples, podemos afirmar que o Sistema Nacional de Cultura (SNC) é como o Sistema Único de Saúde (SUS) – ambos têm o federalismo e a gestão compartilhada como premissas, dividem as competências e descentralizam a gestão, com o objetivo de fornecer um melhor atendimento em conformidade com as demandas da população.

Foi a partir das gestões de Gilberto Gil (entre 2003 e 2007) e de Juca Ferreira (entre 2008 e 2011 e entre 2015 e 2016) no MinC que uma série de políticas e ações foram criadas, a fim de promover a descentralização da cultura e a efetivação de um pacto federativo entre estados, Distrito Federal e municípios. Nesse contexto, políticas foram construídas como resultado direto do diálogo com a sociedade civil e o Estado, por intermédio de conferências institucionalizadas. Nesse contexto, surgiram o SNC e o Plano Nacional de Cultura (PNC), além dos Pontos de Cultura (Barros; Barbalho; Calabre, 2013).

Com a descentralização dos poderes advinda do SNC, os estados, o Distrito Federal e os municípios ganharam autonomia para aplicar políticas culturais e instituir metas e objetivos de desenvolvimento em conformidade com suas realidades. No entanto, a lei trata de um PNC cujas diretrizes e metas devem ser avaliadas e reestruturadas pelo Poder Público e pela sociedade civil a cada dez anos.

As principais diretrizes do PNC, estabelecidas na Lei n. 12.343, de 2 de dezembro de 2010, são:

Art. 1º [...]

I – liberdade de expressão, criação e fruição;

II – diversidade cultural;

III - respeito aos direitos humanos;

IV - direito de todos à arte e à cultura;

V - direito à informação, à comunicação e à crítica cultural;

VI - direito à memória e às tradições;

VII - responsabilidade socioambiental;

VIII - valorização da cultura como vetor do desenvolvimento sustentável;

IX - democratização das instâncias de formulação das políticas culturais;

X - responsabilidade dos agentes públicos pela implementação das políticas culturais;

XI - colaboração entre agentes públicos e privados para o desenvolvimento da economia da cultura;

XII - participação e controle social na formulação e acompanhamento das políticas culturais. (Brasil, 2010)

Criado pela Emenda Constitucional n. 71, de 29 de novembro de 2012 (Brasil, 2012), o SNC "é o instrumento que reúne os entes federados e a sociedade civil com o objetivo de fortalecer institucionalmente as políticas públicas culturais do país" (Brasil, 2023c). Portanto, sua intenção é fortalecer os princípios do federalismo, proporcionando um ambiente democrático para a cultura e atendendo a toda a sua diversidade, sem distinções.

> As políticas públicas dão substrato democrático para a viabilização de políticas de Estado, que transcendendo governos possam dar ao campo cultural políticas nacionais mais permanentes. Nesta perspectiva, os investimentos, ainda iniciais, do ministério na área da economia da cultura e da economia criativa e sua ação junto ao IBGE

– no sentido de produzir séries de informações culturais – adquirem notável funcionalidade e já apresentam seus primeiros resultados (IBGE, 2006). Mas dois outros movimentos assumem lugar central na construção de políticas de Estado no campo cultural: a implantação e desenvolvimento do Sistema Nacional de Cultura (SNC) e do Plano Nacional de Cultura (PNC). (Rubim, 2007, p. 13)

A despeito da dependência das gestões federais, estaduais e municipais quanto à implementação do SNC nos três níveis de governança, os entes federativos seguiram cada qual formulando (ou não) seus sistemas e planos estaduais e municipais. Um fator muito importante, que auxiliou diretamente na criação desses sistemas nos municípios, foi a expectativa de aporte direto de recursos por meio das leis Paulo Gustavo (Lei Complementar n. 195/2022) e Aldir Blanc 2 (Lei n. 14.399/2022). Em 2023, com o novo governo federal eleito, ocorreu a regulamentação de ambas as leis, além da exigência de que todos os entes federados que desejassem pleitear recursos tivessem o "CPF da Cultura" (Conselho de Cultura, Plano de Cultura e Fundo de Cultura) devidamente criado. Nessa direção, houve uma significativa adesão, em que 98% dos municípios e a totalidade dos estados pleitearam recursos da Lei Paulo Gustavo no mesmo ano (Cardoso, 2023).

4.2 Fomento à cultura: leis de incentivo, editais e fundos públicos

De modo geral, os mecanismos de fomento são leis de escalas (federais, estaduais, municipais) e de naturezas (renúncia fiscal, estímulo direto etc.) diversas. Valendo-se das chamadas *leis de incentivo*, os entes federativos disponibilizam recursos e promovem processos seletivos (editais, bancas de avaliação etc.) por meio dos quais parte dos projetos concorrentes é contemplada com o valor financeiro para sua realização ou com o direito de captar (pelos mecanismos de renúncia fiscal) junto a empresas públicas e privadas.

Para músicos e licenciados em Música e/ou em áreas adjacentes, as possibilidades de atuação mediante ações culturais têm repercussão transversal, uma vez que a necessidade de músicos, técnicos, DJs, produtores, compositores e executores de trilhas sonoras, professores e outros profissionais é constante no setor audiovisual, nas artes cênicas, assim como em trabalhos vinculados ao patrimônio imaterial, entre outros exemplos.

Para a realização de determinadas ações educativas previstas em editais, pode ser necessário contar com um profissional ligado à música ou à educação e música. Alguns editais colocam como critério avaliativo a atenção às chamadas *ações de contrapartida*, muitas das quais são de aplicação desejável em espaços escolares e de ensino. Com relação a esse aspecto, abre-se a condição para o desenvolvimento de atividades práticas sob a tutela do profissional licenciado em Música.

Vejamos, a seguir, algumas leis de incentivo brasileiras.

Lei Federal de Incentivo à Cultura (Lei Rouanet)

A atual Lei Federal de Incentivo à Cultura – Lei n. 8.313, de 23 de dezembro de 1991 (Brasil, 1991) – já passou por algumas modificações em suas instruções normativas. Trata-se de um texto legal que instituiu três linhas de incentivo: o Programa Nacional de Apoio à Cultura (Pronac), que corresponde ao incentivo a projetos culturais; o Fundo Nacional da Cultura (FNC); e os Fundos de Investimento

Cultural e Artístico (Ficart) - não levados a cabo. Essa lei foi batizada de *Lei Rouanet* por ter sido implementada à época da gestão do secretário de Cultura do governo Collor, Sergio Paulo Rouanet.

Seu objetivo é incentivar o desenvolvimento das atividades culturais no Brasil. Ainda em vigor, segue como o principal mecanismo de financiamento da cultura nacional. Desde que foi publicada, sofreu algumas alterações, mas nenhuma delas possibilitou que o âmbito da música popular tivesse um caminho mais fácil para a captação de recursos em comparação com outras áreas, em virtude das restrições quanto à modalidade de renúncia fiscal para a música popular cantada (Brasil, 1991), impedindo a isenção total dos impostos das empresas. Quando enquadrados no art. 18, os projetos das modalidades música erudita, instrumental, canto coral e ações de capacitação e treinamento de pessoal podem obter 100% de renúncia fiscal.

Para o enquadramento de um projeto na lei e a aptidão para receber os recursos, o projeto deve passar por uma comissão de avaliação que será responsável por homologá-lo para a captação dos recursos, categorizando-o no art. 18 ou no art. 26. Essa avaliação não consiste em uma análise de mérito. Isso significa que não se permite uma avaliação subjetiva dos projetos, isto é, somente a constatação de que segue as premissas da lei.

A crítica central dos principais estudiosos do campo cultural diz respeito ao fato de que, embora a entrada de recursos para financiar a cultura seja positiva, os interesses do mercado ainda incidem sobre as decisões acerca da destinação do investimento desse recurso, que antes era público. Ainda que a lei faça constar medidas que objetivam dirimir essas diferenças, a distribuição de recursos permanece muito desigual.

O FNC é um fundo de promoção da cultura no Brasil criado pela mesma Lei n. 8.313/1991. Ele trata do investimento direto do Estado no fomento à cultura. Nesse fundo, o apoio a projetos é realizado mediante a "aplicação direta de recursos do orçamento da União em projetos específicos, selecionados, sobretudo, por meio de editais" (Brasil, 2022). O apoio via FNC busca uma distribuição mais equilibrada dos recursos pelas diferentes regiões do país, seguindo as premissas estabelecidas no SNC e no PNC.

Lei Aldir Blanc

Como já é de conhecimento público, a grave crise sanitária decorrente da pandemia de covid-19 gerou um impacto profundo em diversas áreas da sociedade. Medidas de isolamento foram impostas no intuito de dirimir a contaminação pelo vírus, mortal e nocivo para a população. Nesse contexto, os trabalhadores da cultura foram extremamente afetados, uma vez que grande parte do setor trabalha de maneira informal e depende do público presencial para se manter. Como resposta a essa grave crise, governos de vários países criaram medidas rápidas para amparar o setor cultural. No Brasil, por iniciativa do Congresso Nacional e com amplo debate público, foi promulgada, de modo emergencial, a Lei n. 14.017, de 29 de junho de 2020, conhecida como Lei Aldir Blanc (Brasil, 2020). Elaborada para mitigar parte dos impactos do setor, essa lei suscitou uma ampla mobilização política, envolvendo a sociedade civil e movimentos sociais, além de gestores públicos e instituições.

A lei dispõe sobre "ações emergenciais destinadas ao setor cultural a serem adotadas durante o estado de calamidade pública reconhecido pelo Decreto Legislativo n. 6, de 20 de março de 2020" (Brasil, 2020) e determina a gestão descentralizada dos recursos em transferências diretas para os estados, o Distrito Federal e os municípios, de acordo com alguns princípios estabelecidos pelo SNC (Brasil, 2012), embora sem citá-los diretamente. Para as ações emergenciais, a legislação prevê três principais medidas de apoio: (i) renda emergencial para trabalhadores da cultura; (ii) subsídios mensais para a manutenção de espaços culturais, pequenas empresas, pontos e coletivos de cultura; e (iii) programas de fomento à cultura. As políticas de distribuição desses recursos ficaram a cargo dos entes federativos, que as implementaram em conformidade com as estruturas disponíveis e suas diretrizes políticas para o enfrentamento da crise nas esferas estadual e municipal.

Em um contexto político adverso para o campo das culturas, a Lei Aldir Blanc surgiu como uma perspectiva de resistência e de engajamento político do setor cultural, além de resgatar os princípios necessários à continuidade das ações de desenvolvimento para as políticas culturais do país, aumentando os espaços de participação social, mitigados pelas políticas nacionais vigentes. Uma importante diretriz de participação prevista no SNC trata da realização de Conferências Nacionais de Cultura, as quais não ocorrem desde 2013.

A iniciativa da lei partiu da pressão de setores culturais organizados diretamente junto ao Congresso, entre eles o Fórum Nacional de Secretários e Dirigentes Estaduais de Cultura. Por meio de diversas reuniões com bancadas de vários partidos e ampla convergência política, o fórum resultou em quatro propostas de lei emergencial para a cultura, elaboradas por Benedita da Silva (PT), José Guimarães (PT), Aline Gurgel (Republicanos) e Tadeu Alencar (PSB).

A execução da lei ocorreu entre 2020 e 2022 e representou historicamente o maior montante de recursos distribuído de maneira descentralizada para estados, Distrito Federal e municípios, totalizando R$ 3,8 bilhões. Graças à lei, muitos espaços culturais independentes, empresas de cultura e coletivos culturais conseguiram se manter, mesmo com as restrições da pandemia. Com o sucesso dessa política de distribuição e descentralização dos recursos, parlamentares propuseram sua continuidade, o que resultou na Lei Aldir Blanc 2 (Lei n. 14.399/2022) e, com o saldo dos recursos do Fundo Setorial do Audiovisual (FSA), na Lei Paulo Gustavo, ainda na perspectiva de recuperar o setor para a retomada de suas atividades.

Leis de incentivo estaduais e municipais

As leis de incentivo à cultura estaduais e municipais são mecanismos que têm como objetivo incentivar a circulação e a promoção de bens culturais em diversos estados e municípios brasileiros. Como resultado da Lei Aldir Blanc, houve um significativo aumento referente à criação de fundos de cultura e à formalização de conselhos de cultura, essenciais para a democratização e a boa gestão desses recursos, atendendo às demandas da sociedade.

Atualmente, no Brasil, existem dois formatos de leis de incentivo: (i) mediante fundos de cultura oriundos de orçamentos próprios dos estados, do Distrito Federal e dos municípios; e (ii) pela renúncia fiscal de parte dos impostos estaduais e municipais. O montante varia de acordo com as legislações locais; há casos em que a renúncia fiscal não chega a 100%, fazendo com que a empresa patrocinadora precise arcar com uma parte do valor em patrocínio direto. Em geral, no caso dos estados, a porcentagem que se torna incentivo à cultura provém do Imposto sobre Circulação de Mercadorias e Serviços (ICMS) e, no caso dos municípios, do Imposto sobre Serviços de

Qualquer Natureza (ISS) e do Imposto sobre a Propriedade Predial e Territorial Urbana (IPTU).

4.3 Gestão de projetos: concepção, planejamento e formatação

A elaboração de projetos culturais deve seguir certos preceitos, boa parte deles expressos em editais, leis e normativas disponibilizados pelos entes promotores. Um dos primeiros aspectos a serem considerados na elaboração de um projeto é identificar as possíveis fontes de financiamento público. Editais, chamadas públicas, concursos e prêmios estão entre os principais mecanismos de financiamento nessa direção. Assim, em sua elaboração, uma ideia preferencialmente já deve prever uma estruturação metodológica e conceitual. Em linhas gerais, é necessário apresentar uma introdução, expor os objetivos e a escolha dos locais de ação e dos profissionais envolvidos, além de descrever o orçamento, entre outros aspectos.

Como procedimento essencial – etapa importante a vencer no que se refere tanto à burocracia quanto à avaliação curricular –, podemos indicar a escolha do proponente. Os critérios para essa seleção, portanto, podem advir de um fator documental (viabilidade quanto a certidões negativas de CPF ou CNPJ) ou de natureza técnica. Nesse caso, pesa a avaliação do currículo de quem assume a proponência, seja pessoa física, seja pessoa jurídica. Não é incomum pensar em uma pessoa ou empresa para assumir e, depois, constatar que sua condição fiscal está prejudicada, o que, em alguns casos, inviabiliza tal inscrição.

Em linhas gerais, há maior dificuldade na liberdade para a escolha de temas e de criação quando os projetos se submetem a leis de incentivo via renúncia fiscal, pelas quais a aprovação não é suficiente para garantir a viabilidade financeira do que foi proposto. As empresas privadas não raro demonstram resistência em investir recursos em projetos voltados às culturas indígenas e de matriz africana. No campo da captação de recursos por renúncia fiscal, algumas organizações públicas costumam direcionar recursos de impostos para atender a esses grupos sociais e/ou suas manifestações.

De outra parte, o desenvolvimento de um projeto deve preferencialmente ser feito a várias mãos pelos envolvidos. Há um conjunto de etapas – criativas, burocráticas e estruturais – a serem vencidas, e contar com diversas pessoas pode facilitar esse processo e, ainda, engajar compromissos para trabalhos futuros.

Cada mecanismo de incentivo preza por certos princípios que devem ser seguidos na elaboração de um projeto. No entanto, é importante esclarecer que estes não são estanques. Isso significa que são promovidas constantes alterações ou adaptações que, de tempos em tempos, são operadas pelos órgãos de gestão. Sob essa perspectiva, é fundamental fazer a leitura atenta de todos os documentos, incluindo regulamentos (por vezes, fora do corpo do edital em si), anexos, legislações citadas em documentos etc.

4.4 Relações entre a educação e o fomento à cultura

Com relação ao financiamento público para a área de música, um aspecto primordial diz respeito à inserção de projetos no espaço escolar. Existe um sem-número de possibilidades para quem (educador musical, musicista ou produtor cultural) deseja fomentar projetos em instituições de ensino. O primeiro aspecto a considerar refere-se ao histórico de reivindicações dos setores envolvidos e à constituição de legislações que versem sobre a música feita para estudantes e/ou educadores.

Para além da legislação educacional que estabelece espaço para as diversas linguagens da arte na educação básica, o ensino da música vem sendo contemplado por alguns mecanismos legais desde a promulgação da Lei n. 9.394, de 20 de dezembro de 1996, a Lei de Diretrizes e Bases da Educação Nacional (LDB), que incluía, em seu art. 26, a obrigatoriedade do ensino de Música na educação básica brasileira (Brasil, 1996). Já no século XXI, essa premissa foi aprimorada pela sanção da Lei n. 11.769, de 18 de agosto de 2008, que alterou o artigo citado, definindo a música como "conteúdo obrigatório, mas não exclusivo" (Brasil, 2008). Em 2016, com a publicação da Lei n. 13.278, foi alterado o parágrafo 6º da LDB de 1996, "tornando o componente curricular arte obrigatório, composto pelas artes visuais, dança, música e o teatro, sendo estes componentes inseridos na área das linguagens e códigos" (Grezeli; Wolffenbüttel, 2021, p. 35361).

Essa lei destituiu as especificidades da área de música e estabeleceu a obrigatoriedade para o conjunto do âmbito das artes. A despeito das questões legais, a implementação do ensino de Música nas escolas segue sendo um desafio, em razão de suas particularidades – os educadores são formados como generalistas no campo da educação artística –, e passa pelo estímulo dos entes federados de educação (secretarias estaduais e municipais), bem como das direções das próprias escolas.

Aqui, como elemento de interesse e interseção entre a área da educação e as políticas de fomento à cultura, convém avaliar a abertura de precedentes para que o ensino de Música, de diversas formas, também seja estimulado mediante projetos culturais. Tendo como premissa a obrigatoriedade do ensino de artes na educação básica e considerando as eventuais ausências da música como expressão artística nas escolas, podemos articular, por meio de editais de cultura, ligações diretas entre as instituições de ensino e as propostas de realização dos projetos. Nessa direção, há um enorme leque de possibilidades, desde a oferta de oficinas voltadas ao aprendizado da música, ações que proporcionem a fruição de espetáculos e a formação de plateia, montagens de grupos instrumentais, vocais, fanfarras etc. ou, mesmo, a realização de contrapartidas de projetos que tenham como alvo o público escolar – tanto alunos quanto professores. Sob essa ótica, a menção à Lei n. 13.278/2016 pode ser utilizada como justificativa da ação cultural.

4.5 Acesso às plataformas virtuais

O primeiro passo para qualquer artista – músico, pesquisador, produtor, professor etc. – que deseje inscrever seu projeto em editais de cultura é cadastrar-se nas plataformas digitais como agente cultural. Tais mecanismos, muitas vezes, não dialogam entre si nos planos federal, estadual e municipal e, por isso, requerem cadastros separados. Muitos estados aderiram à plataforma Mapa Cultural para isso; outros, por sua vez, têm os próprios formulários de inscrição em plataformas desenvolvidas pelos governos ou, ainda, aceitam as inscrições em formato físico. É preciso pesquisar as plataformas usadas pelo Estado e pelo município e fazer o cadastro.

No âmbito federal, é necessário acessar a plataforma Salic Web, que trata do cadastro para a inscrição de projetos na Lei Federal de Incentivo à Cultura. O processo é bastante simples: na plataforma, devem ser inseridos os dados pessoais, como CPF, nome completo, data de nascimento e endereço eletrônico.

Após o cadastramento inicial, ao inscrever um projeto cultural, os campos a serem preenchidos mudam de acordo com cada edital de inscrição. Os mais comuns são:

- Resumo: apresentar brevemente o projeto.
- Apresentação: explicar objetivamente em que consiste o projeto, incluindo todas as suas ações.
- Objetivos gerais e específicos: explicar o que se pretende alcançar com a realização da proposta.
- Justificativa: justificar por que o projeto precisa de incentivo para ser realizado e qual é a relevância da proposta.
- Plano de distribuição: identificar os públicos que se pretende alcançar.
- Plano de comunicação: mencionar as estratégias utilizadas para atingir os públicos-alvo.

4.6 Captação de recursos: *marketing* cultural

Para conseguir patrocínios culturais, acima de tudo, é preciso pesquisar quais empresas estão aptas ao repasse dos recursos, ou seja, que arrecadam impostos suficientes para isso (no caso das leis de incentivo). Uma forma de obter essas informações é por meio do portal de informações VerSalic, vinculado ao governo federal.

> **Indicação cultural**
>
> VERSALIC. Disponível em: <https://versalic.cultura.gov.br/#/home>. Acesso em: 13 ago. 2023.
> Na página oficial da plataforma VerSalic, é possível acessar propostas, projetos, proponentes, incentivadores e fornecedores.

Em geral, é possível contatar os patrocinadores por meio do setor de *marketing* das empresas, afinal, os benefícios por elas obtidos com o patrocínio decorrem da inserção de marca, direta ou indiretamente. Existem dois modos para entrar em contato com as áreas de *marketing* das organizações: (i) por meio de editais de inscrição elaborados pelas próprias corporações; e (ii) por meio da apresentação de propostas de patrocínio por *e-mail*, em reuniões etc. Com relação ao patrocínio direto, ou seja, que não envolve legislação, há outras formas de incentivo: em dinheiro, pela compra de ingressos ou pela distribuição de produtos.

A seguir, listaremos alguns itens de atenção, para que você possa, se for o caso, preparar a apresentação de seu projeto assertivamente.

Público-alvo

A empresa que você está buscando atende qual faixa etária e qual classe social? Em que região ela presta serviços, fabrica seus produtos etc.? Dentro da organização, quem pode ser o beneficiário de seu projeto?

- Exemplo de diagnóstico: pessoas de 20 a 30 anos, das classes C e D, moradores da região do ABC Paulista; ações direcionadas aos funcionários da empresa e a seus filhos.

Valores

Os valores da empresa dizem respeito a suas motivações, diretrizes, crenças e atitudes importantes, ou seja, trata-se da filosofia que fundamenta a prestação dos serviços.

- Exemplo: valorização e respeito às pessoas.

Missão

Consiste na razão de ser de uma empresa, ou seja, no propósito pelo qual sócios e colaboradores trabalham e se esforçam.

- Exemplo: oferecer produtos de beleza a preços acessíveis, sem envolver crueldade com animais e com baixo impacto ambiental.

Visão

A visão corresponde ao principal objetivo que justifica a existência da empresa, isto é, refere-se ao futuro, ao patamar que a organização pretende atingir.

- Exemplo: ser a empresa com a maior credibilidade no mercado de movimentação financeira, oferecendo as melhores soluções aos clientes.

Depois de realizar esse primeiro diagnóstico e listar as informações que se relacionam ao projeto, é preciso elaborar uma proposta de patrocínio cultural destinada às instituições mais apropriadas. Tal proposta deve conter uma apresentação resumida, bem como informações documentais (como os prazos para a captação e a execução do projeto) e um breve cronograma, além de salientar os aspectos positivos. Essas informações devem constar em locais de destaque no texto do projeto e incluem grande alcance de público, duração das ações, ineditismo etc.

Cotas de patrocínio

As propostas para a captação de recursos precisam indicar o valor total do orçamento do projeto e as cotas de patrocínio, ou seja, os benefícios a serem obtidos pela organização, de acordo com cada valor. Por exemplo, em um orçamento no valor de R$ 400 mil, as cotas podem ser distribuídas da seguinte forma:

- Apoio: assinatura nos materiais gráficos impressos, dois pares de ingresso para a abertura do evento (R$ 50 mil), duas cotas disponíveis.

- Patrocínio: assinatura em todos os materiais gráficos impressos e *on-line*, citação em *release* para a imprensa e anúncios de rádio, 20 convites para ações de relacionamento (R$ 100 mil), duas cotas disponíveis.
- Apresentação: assinatura nos materiais gráficos impressos e *on-line*, chancela em todos os materiais de divulgação, 50 convites para ações de relacionamento, citação em *release* para a imprensa, anúncios de rádio e TV e agradecimento antes dos espetáculos (R$ 200 mil), uma cota disponível.

4.7 Passo a passo para a elaboração de um projeto

Existem inúmeras formas de elaborar um planejamento estratégico que viabilize a criação de projetos culturais. No entanto, antes de tudo, recomendamos que seja feito um diagnóstico de oportunidades, observando-se o calendário de editais que já ocorrem anualmente, bem como outras possíveis oportunidades. A seguir, apresentamos uma sugestão metodológica que busca otimizar o tempo para esse trabalho.

Quando a oportunidade está lançada, ou seja, um edital é publicado, a primeira coisa a ser feita é ler o documento na íntegra e destacar os pontos importantes, sobretudo os critérios de avaliação e os documentos obrigatórios. Depois de esboçar a ideia do projeto, é necessário desenvolver um escopo, isto é, uma lista de ações a serem realizadas no âmbito da proposta. Em seguida, tendo em vista o montante máximo do recurso, deve-se preparar uma planilha orçamentária básica, dividida entre itens de pré-produção, produção, comunicação e pós-produção, além das taxas administrativas. Após estimada a viabilidade do projeto, é preciso definir a equipe principal e a quantidade de ações a serem desenvolvidas, passando-se ao preenchimento dos formulários dos editais. A esse respeito, uma dica preciosa: começar pelo levantamento documental do projeto.

Geralmente, a primeira etapa de avaliação consiste na análise documental ou na mera homologação da inscrição. Infelizmente, muitos projetos são barrados já nessa fase. Por isso, é fundamental ter o máximo de cuidado e fazer a devida conferência da listagem dos documentos antes ainda de avançar para a parte escrita. Nesse momento, com a documentação separada e a definição do escopo do projeto e da quantidade de ações a serem realizadas em conformidade com a planilha orçamentária, pode-se dar início à produção dos textos, os quais, normalmente, devem trazer as seguintes seções:

- apresentação;
- objetivo geral;
- objetivos específicos;
- justificativa.

Apresentação

Esse texto se refere a uma apresentação do projeto e deve incluir todas as ações estimadas. Recomenda-se a escrita em terceira pessoa, levando em consideração que, mais do que uma atividade em si, o projeto consiste em um conjunto de ações. Orienta-se o uso de linguagem simples[1], de modo que qualquer pessoa, independentemente de ser especialista ou não na área, entenda e absorva as informações relativas à proposta.

Além das ações a serem realizadas, na apresentação do projeto, deve-se informar o público-alvo, a carga horária e os principais profissionais envolvidos na proposta, para que já no início da leitura o avaliador compreenda a que o projeto se refere.

- Exemplo: O projeto "Domingos de maio" trata da realização de uma série de apresentações musicais gratuitas no Parque da Liberdade, em Belo Horizonte (MG), aos domingos pela manhã, durante todo o mês de maio. Os *shows* serão compostos por bandas de música instrumental de diversos gêneros, que serão escolhidos por meio de curadoria especializada em edital de chamada pública. O público-alvo são os frequentadores dos parques da cidade, de todas as classes sociais e gêneros, sobretudo adultos, idosos e interessados em música instrumental. Além das apresentações musicais, como contrapartida social, serão realizados dez concertos didáticos em escolas municipais vinculadas à prefeitura, com recursos de acessibilidade (Libras e audiodescrição).

Objetivo geral

O objetivo geral deve ser descrito sinteticamente, prezando-se por mencionar o escopo principal do projeto, em vez de apresentar detalhamentos e informações quantitativas. O texto deve começar com um verbo no infinitivo, tais como *realizar, produzir, valorizar,*

---
1 Conjunto de práticas que objetivam tornar a comunicação mais inclusiva e acessível (Enap, 2020).

oportunizar e *distribuir*, entre outros. Ainda, é necessário incluir os objetivos qualitativos da proposta.

- Exemplo: Realizar a primeira mostra de música de câmara da cidade de Ponta Grossa, reunindo músicos de concerto do Brasil e do mundo em atividades diversas, como concertos, palestras e ações educativas.

Objetivos específicos

Os objetivos específicos consistem na descrição, em formato de lista, do que se pretende realizar, com informações quantitativas como duração, quantidade de público, carga horária etc. Nesse texto, também se recomenda a utilização de verbos no infinitivo.

- Exemplos: Realizar oito oficinas de violão para crianças de 9 a 12 anos, com carga horária total de 4 horas; produzir uma exposição gratuita sobre a vida e a obra do compositor Heitor Villa-Lobos, com duração de três meses.

Justificativa

A justificativa corresponde à defesa do projeto, informando-se por que ele deve ser aprovado e por quais motivos necessita do recurso disponibilizado. Geralmente, sugere-se privilegiar a importância conceitual e artística e, em seguida, o alcance do projeto e seus impactos simbólicos e econômicos. Ainda, a justificativa precisa explicitar o interesse público em torno de tal proposta. Recomenda-se, além disso, citar aspectos relativos às políticas culturais, como a conformidade com as políticas culturais estaduais e municipais de cultura e seus objetivos, além da oportunidade de contribuir com o acesso a bens culturais por toda a população – direito previsto na Constituição.

- Exemplo: Esse projeto se justifica por sua relevância conceitual e artística, ao apresentar uma mostra inédita e de grande visibilidade na cidade de São Paulo (SP), impulsionando a carreira de mais de 50 artistas da música. O diferencial desta proposta está em proporcionar ações formativas na área da economia criativa, em conformidade com a meta 18 do Plano Nacional de Cultura, que se refere ao "aumento em 100% no total de pessoas qualificadas anualmente em cursos, oficinas, fóruns e seminários com conteúdo de gestão cultural, linguagens artísticas, patrimônio cultural e demais áreas da cultura" (Brasil, 2023b)[2].

Síntese

Conhecer a trajetória histórica das leis que criaram os mecanismos de incentivo à cultura desde a década de 1930 e reconhecer o potencial profissional das leis de estímulo à elaboração e realização de projetos culturais são premissas fundamentais para qualquer agente da área de música que pretenda, mediante financiamento público, viabilizar suas ideias. Sob essa perspectiva, dominar o passo a passo desse processo e alguns aspectos relativos às principais leis federais é uma das condições para efetivar tal objetivo. O cenário político impacta diretamente o desenvolvimento dessas políticas públicas, as quais, por serem de interesse público e um direito fundamental, devem primar por envolver a sociedade civil nessas decisões.

...
2   A meta citada é apenas um exemplo, uma vez que foi alcançada na versão atual do PNC.

Atividades de autoavaliação

1. O primeiro Plano Nacional de Cultura foi esboçado em 1975, em plena ditadura militar, mas foi no governo Lula, com Gilberto Gil à frente do Ministério da Cultura, que as políticas culturais deixaram de ser resumidas apenas às leis de incentivo para constituírem uma política afirmativa de direitos culturais, com ampla participação social. Considerando o exposto e com base no conteúdo deste capítulo, avalie as afirmações e indique V para as verdadeiras e F para as falsas.
   ( ) O Sistema Nacional de Cultura está presente na Constituição Federal brasileira desde 2015.
   ( ) O Sistema Nacional de Cultura divide as competências e descentraliza a gestão, para um melhor atendimento em conformidade com as demandas da população.
   ( ) O Plano Nacional de Cultura se refere a um conjunto de metas que é reavaliado e atualizado a cada dez anos.
   ( ) O Plano Nacional de Cultura deve ser atualizado a partir de conferências de cultura.

   Agora, assinale a alternativa que apresenta a sequência obtida:

   a) F, V, V, V.
   b) F, F, V, F.
   c) V, F, V, V.
   d) V, V, V, F.
   e) F, F, F, V.

2. Para apresentar uma proposta cultural a uma empresa patrocinadora, quais são as informações públicas a serem pesquisadas para obter um diagnóstico da organização?
   a) Público-alvo, valores, missão e visão.
   b) Valores, quadro de funcionários e organograma.
   c) Público-alvo e quadro de sócios-diretores.
   d) CNPJ, apenas.
   e) Certidões negativas de débitos municipais.

3. Quando se trata da inscrição de um projeto cultural em uma lei de incentivo, em geral, o projeto passa por um questionário em que devem ser respondidas questões objetivamente. A respeito dos objetivos de um projeto, avalie as afirmações a seguir e indique V para as verdadeiras e F para as falsas.
   ( ) Os objetivos gerais dizem respeito às metas macro do projeto, descritas de maneira genérica e ampla.
   ( ) Os objetivos específicos devem ser quantitativos, de modo que o avaliador do projeto possa identificar o alcance das ações previstas.
   ( ) Os objetivos podem mudar no decorrer do projeto sem precisar de uma análise do órgão competente.
   ( ) Os objetivos específicos podem ser utilizados para a mensuração das atividades após a realização do projeto.
   ( ) Recomenda-se a utilização dos verbos no gerúndio.

   Agora, assinale a alternativa que apresenta a sequência obtida:
   a) F, F, F, F, V.
   b) V, F, F, F, V.
   c) F, F, V, V, V.

d) V, V, F, V, F.
e) V, F, F, V, F.

4. De modo geral, os mecanismos de fomento são leis de escalas (federais, estaduais e municipais) e naturezas (renúncia fiscal, estímulo direto etc.) diversas. Acerca dos processos realizados por meio dessas leis, avalie as afirmações e indique V para as verdadeiras e F nas falsas.
   ( ) Mediante as chamadas *leis de incentivo*, os entes federativos disponibilizam recursos ou abrem mão de parte da arrecadação de seus impostos para incentivar projetos culturais.
   ( ) Para que ocorram de modo idôneo, os processos seletivos selecionam propostas com base em uma lista de critérios pré-definidos em editais.
   ( ) Nesses processos, parte dos projetos concorrentes é contemplada com o valor financeiro para sua realização ou com o direito de captar (pelos mecanismos de renúncia fiscal) junto a empresas públicas e privadas.
   ( ) Os proponentes dos projetos (pessoas físicas ou jurídicas) não podem responder juridicamente pela má execução dos projetos e pelo não cumprimento dos objetivos.
   ( ) As empresas patrocinadoras não podem usufruir de contrapartidas de *marketing* quando incentivam projetos.

   Agora, assinale a alternativa que apresenta a sequência obtida:
   a) V, F, V, F, V.
   b) V, V, V, F, F.
   c) F, F, V, V, V.
   d) V, V, F, V, F.
   e) V, F, F, V, F.

5. O período Vargas (1930-1945) consolidou alguns importantes marcos institucionais. Diante das afirmações a seguir, considere os exemplos desses marcos e indique V para as opções verdadeiras e F para as falsas.

   ( ) A criação do Serviço do Patrimônio Histórico e Artístico e Nacional (Sphan), do Instituto Nacional de Cinema Educativo (Ince) e do Instituto Nacional do Livro (INL).
   ( ) A criação da primeira lei brasileira de direitos autorais.
   ( ) A criação do Ministério da Cultura.
   ( ) A criação da Fundação Nacional de Artes (Funarte).
   ( ) A criação da Lei de Diretrizes e Bases da Educação Nacional (LDB).

   Agora, assinale a alternativa que apresenta a sequência obtida:

   a) V, F, V, F, V.
   b) V, V, V, F, F.
   c) F, F, V, V, V.
   d) V, V, F, V, F.
   e) V, F, F, F, F.

Atividades de aprendizagem

Questões para reflexão

1. Se você trabalhasse no Poder Legislativo, quais mudanças gostaria de implementar nas leis de incentivo à cultura, considerando sua estrutura atual?

2. Em sua opinião, quais são as atuais dificuldades das leis de incentivo via renúncia fiscal?

Atividade aplicada: prática

1. Elabore a apresentação de um projeto em até dez linhas, descrevendo todas as ações que integram sua proposta.

Capítulo 5

EMPREEN-
DEDORISMO
MUSICAL

Isadora Rodrigues
Moreira da Silva

Neste capítulo, abordaremos a complexa indústria da música, considerando suas ambiguidades e fragilidades. Apresentaremos informações sobre o público consumidor de música na atualidade e os fatores que podem impactar os números relacionados. Também trataremos da busca pela sistematização de um plano de negócios, levando em conta as particularidades de diferentes empreendimentos musicais, bem como a diversidade profissional dos trabalhadores da área. Além disso, refletiremos acerca do papel das entidades de classe no desenvolvimento e na estagnação política do setor musical brasileiro no decorrer dos tempos, com a intenção de identificar pontos de análise a respeito do entendimento e das dificuldades do setor, assim como a importância do desenvolvimento de projetos musicais autorais originais e de uma boa organização profissional.

5.1 Oportunidades de negócios para todos: da corporação multinacional ao músico independente

A forma como consumimos música tem mudado rapidamente no decorrer dos tempos. Fatores culturais, econômicos e sociais estão ligados aos impactos significativos dos inúmeros formatos, assim como ao modo como a indústria musical reage a tais mudanças. A história da indústria fonográfica é marcada por essas superações e transições. A esse respeito, Peterson e Berger (1975) apontam que os períodos de concentração de mercado corresponderam a uma certa homogeneidade na produção musical, enquanto épocas de competição tiveram como consequência maior diversidade e experimentação.

Um nítido exemplo desse cenário diz respeito ao fato de que, atualmente, com a evolução da tecnologia, o formato de disco tem tido cada vez menos funcionalidade do que em tempos analógicos, quando consistia em item fundamental para a apreciação do ouvinte. No entanto, o fator "comprar discos" ainda é uma prática exercida por fãs de música. Após um período de esquecimento, o *long play* (LP) retomou sua força e, conforme um relatório publicado pela Federação Internacional da Indústria Fonográfica (IFPI, 2022), houve um aumento significativo de vendas de discos nos últimos anos.

Segundo a tradição norte-americana, as *majors* são as gravadoras de atuação globalizada ou vinculadas a conglomerados de comunicação, ao passo que as *indies* são empresas de alcance local, costumeiramente focadas em pequenos nichos de atuação. Vicente (2006) comenta que, na atualidade, tal conceito também se refere às pequenas gravadoras e a produtores musicais autônomos, responsáveis pela autoprodução de seus discos. Certamente, pelas condições, as *majors* historicamente tiveram mais espaço e certo domínio da indústria e da cultura, porém essa condição de dominação começou a ser desafiada nos anos 1960. De acordo com Ghezzi (2020), um marco na mudança do monopólio das *majors* no período pós-guerra ocorreu com o barateamento dos custos de produção causado pela industrialização, quando o mercado independente foi se construindo e, consequentemente, abrindo espaço para novos gêneros musicais, como o *rock*, o *rhythm and blues* e o *jazz*.

Esse fenômeno cultural teve significativo impacto no Brasil. Com a expansão do mercado musical na década de 1960, os selos independentes passaram a obter sucesso e espaço no mercado nacional. Nesse período, a música também assumia um papel importante de construção identitária, sobretudo entre os jovens, que buscavam afirmar valores contraculturais em oposição à ordem dominante, o que foi potencializado pelo advento da música popular brasileira (MPB), com as canções de protesto e do movimento tropicalista, de forte apelo midiático.

Nessa época, a televisão se consolidava como o principal veículo de comunicação do país, o qual abriu um espaço que se tornaria definitivo para o cenário musical: os concursos de canções dos festivais de música. Entre os anos 1960 e 1980, as emissoras TV Excelsior, TV Record, TV Rio e Rede Globo veicularam programas que exerceram um papel fundamental na revelação de artistas brasileiros. Elis Regina, Chico Buarque, Caetano Veloso, Gilberto Gil, Gal Costa, Geraldo Vandré, Nara Leão, Edu Lobo, Jair Rodrigues, Tom Jobim, Oswaldo Montenegro, Paulinho da Viola, Guilherme Arantes, entre outros, foram projetados por meio da participação nesses festivais televisivos.

Embora, inicialmente, possamos qualificar essas duas forças motrizes da indústria fonográfica (*indies versus majors*) como antagônicas, na prática, no transcorrer dos anos, elas adquiriram um caráter de complementaridade que perdura até nossos tempos. Com as crises econômicas, as gravadoras independentes acabaram sendo compradas por grandes gravadoras, incorporando em seu portfólio artistas de catálogo. No passar dos anos, artistas das *majors* foram migrando para selos menores, fazendo com que gravadoras de médio porte se consolidassem no mercado. Um exemplo disso é a Biscoito Fino, que atualmente responde por uma boa gama de artistas que migraram de grandes gravadoras para o selo.

No Brasil, a utilização do termo *independente* em referência à oposição à grande indústria das *majors* e como símbolo de experimentação e inventividade tomou força na mídia na década de 1970.

De acordo com Vicente (2006), o termo, utilizado como sinônimo de *qualidade artística* e *autonomia criativa*, assim como *politicamente engajado*, teve ênfase após a ação da Cooperativa dos Músicos do Rio de Janeiro.

> **Curiosidade**
>
> A expressão *música popular brasileira* (MPB) diz respeito a um período marcado pela sucessão da bossa nova nos períodos pré e pós-ditadura militar, o que veio a representar um marco na história da música brasileira em virtude do estrondoso sucesso e da movimentação da juventude pertencente à classe média universitária no Brasil. O termo também se tornou a expressão utilizada para se referir à noção de *canção de protesto*, em uma época marcada pela censura e pela perseguição política provocadas pela ditadura militar.

O aquecimento do mercado entre as décadas de 1960 e 1970 foi resultado de um cenário cultural efervescente graças ao movimento da contracultura e da juventude brasileira, que expressava seus valores contra a ditadura militar, além da influência musical internacional. Esse crescente cenário fonográfico foi potencializado pela consolidação de uma política pública significativa que marcou a época denominada Disco é Cultura. A política previa a isenção do Imposto sobre Circulação de Mercadorias (ICM) para as empresas que investissem em artistas brasileiros, e, nesse caso, o valor por elas devido era abonado (Dias, 2000 citado por Ghezzi, 2020). O projeto em questão fez com que o alto investimento impulsionasse o cenário musical brasileiro como um todo. Além disso, proporcionou que as gravadoras conseguissem manter um elenco ativo, em uma fase de ascensão e no auge das canções de protesto e da MPB. A política buscava equilibrar o mercado nacional, e seus frutos foram empurrados pelo cenário cultural, no qual a venda de discos nacionais correspondia a uma grande fatia dessa receita:

> A legislação foi criada, em teoria, para equilibrar a disputa entre gravadoras nacionais e internacionais. As nacionais reclamavam que as rivais gringas levavam vantagens competitivas, já que o custo de lançar discos estrangeiros era bem mais baixo, uma vez que elas não precisavam arcar com despesas de gravação ou de arte para a capa dos lançamentos internacionais, pois tudo vinha pronto do exterior. Apesar de o público brasileiro preferir música nacional (discos de artistas brasileiros representavam 60% a 70% da venda total no país), discos estrangeiros eram mais rentáveis, devido ao uso de matrizes prontas. (Barcinski, 2018)

Os anos 1980 foram marcados pelos impactos da recessão econômica na indústria fonográfica. Nesse contexto, a estratégia das *majors* foi incorporar em seu catálogo os selos independentes, voltando-se para um cenário de concentração de mercado e precarização do setor (que perdura até hoje). Mesmo com a crise geral do mercado fonográfico, atualmente são as gravadoras *indies* que respondem por alguns segmentos de mercado que são "médias".

> Outro fator a corroborar a ideia de uma crise no modelo da indústria é o de que, apesar da crise geral do mercado fonográfico, é possível verificar nos últimos anos um nível inédito de reorganização da cena independente no país, com as *indies* passando a responder de forma praticamente exclusiva por uma série de segmentos de mercado como a música instrumental (Visom e Núcleo Contemporâneo), a música infantil (Palavra Cantada), a new age (MCD, Azul Music e

Sonhos & Sons), o choro (Acari Records), a MPB (Dubas e Biscoito Fino), o relançamento de gravações históricas (Revivendo), o rap (Sky Blue), o funk (Furacão 2000), o forró (SomZoom e MD Music) e a música religiosa (Paulinas, na música católica, Bom Pastor e Line Records, na evangélica), entre muitos outros. (Vicente, 2006, p. 15)

5.1.1 *Mainstream* e *midstream*

Existe uma convenção que separa dois cenários distintos no âmbito da indústria da música: o *mainstream* e o *midstream*. Enquanto o *mainstream* geralmente está atrelado às *majors* e tem alcance nos grandes veículos de comunicação, o *midstream* é *indie* de nascença e faz parte de uma cena independente, porém mais consolidada. É o caso de muitas bandas que têm projeção nacional e até mesmo internacional e um alto volume de reproduções mensais, mas dentro de nichos e cenas musicais específicas.

Essa pulverização e descentralização dos grandes nomes têm tomado força e, nos últimos anos, cada vez mais artistas com relevância local vêm se destacando regional e nacionalmente. À margem desse cenário estão os artistas independentes de menor projeção, que batalham por uma ascensão e espaço no mercado, cada vez mais restrito. A fórmula que leva um trabalho a se enquadrar nesses "modelos" não é certa: muitas vezes, o que faz um artista chegar ao *mainstream* é uma difusão massiva dos meios de comunicação de maior alcance, normalmente já articulados com as gravadoras de grande porte, as *majors*, embora essa não seja uma regra, isto é, com as possibilidades do digital, existem projetos independentes que têm conseguido furar essas "bolhas" (mas ainda são exceções).

> **Curiosidade**
>
> Nos últimos anos, o TikTok tem se destacado como um aplicativo de alto potencial de alcance para a viralização de músicas, por uma perspectiva peculiar: a partir de vídeos de esquetes de humor e de curtas coreografias de dança. Ainda que não seja uma fórmula certa, os impactos dessa mídia na reprodução de músicas são notórios.

Os festivais de música do Brasil têm papel fundamental no impulsionamento da cena independente do país. Com ocorrência em diversos estados, eles são responsáveis pela movimentação e circulação de bandas, além de pautarem tendências culturais em suas programações. A maioria desses eventos tem suporte público em leis de incentivo à cultura, sobretudo a Lei Rouanet. As leis estaduais e municipais de incentivo são preponderantes na realização desses eventos. Há, ainda, os festivais que são realizados sem nenhum tipo de patrocínio, cujas receitas provêm tão somente da venda de ingressos e do consumo no local.

Em geral, o processo de seleção de bandas para participarem dos festivais se dá de forma direta (curadoria). No entanto, com a consolidação do público dos festivais na internet, tem sido cada vez mais comum recorrer às redes sociais para estabelecer um diálogo com os ouvintes, que acabam contribuindo para a escolha da programação por meio de respostas às postagens e da participação em enquetes e votações. Eventualmente, os festivais abrem chamadas para a inscrição de bandas independentes e posterior seleção, em formato de editais.

Curiosidade

Os festivais independentes do Brasil se multiplicaram principalmente nos anos 2000, a partir do fortalecimento de políticas de fomento à cultura e da consolidação de políticas de abrangência nacional e importância histórica, como o Sistema Nacional de Cultura (SNC), sendo criados por meio de inúmeras políticas de participação social, do fortalecimento dos coletivos culturais e dos pontos de cultura do país e, também, das conferências nacionais de cultura.

Indicação cultural

MAPA DOS FESTIVAIS. Disponível em: <https://www.mapadosfestivais.com.br/>. Acesso em: 13 ago. 2023.
O Mapa dos Festivais é um buscador de festivais de música que tem o objetivo de reunir em um só lugar todas as informações sobre os eventos, estimulando a descoberta de novos festivais pelo Brasil.

Projetos originais de música devem ser trabalhados com afinco, buscando-se aliar estratégias criativas para o trabalho musical, a organização da produção do projeto musical (*release*, *rider* técnico, fotos, videoclipes, informações), assim como uma boa comunicação com o público, a fim de manter uma boa frequência de lançamentos e novidades, sobretudo nas plataformas de *streaming* de música e nas redes sociais.

5.2 Feiras de música

Diferentemente dos festivais tradicionais de música, as feiras de música foram criadas com o intuito de alcançar um público mais específico para a cena e movimentar negócios. Programadores de festivais, casas de *shows*, jornalistas, produtores, artistas e outros profissionais da área são o público-alvo desses eventos, que seguem os moldes de feiras internacionais, como a Womex Worldwide Music Expo. Entretanto, as feiras de música têm certas particularidades. Em suas programações, estão previstas conferências, rodadas de negócios, oficinas de criação e *showcases*, entre outros. São ótimas oportunidades para conhecer contratantes de espetáculos e, também, para trocar ideias com os profissionais do setor, pois tais eventos contribuem para a manutenção e o desenvolvimento de atividades profissionais na área musical.

5.3 Indústria da música: os profissionais

Como afirmamos anteriormente, existem diversos tipos de configurações e formas de trabalho profissional na área da música. Isso não torna nenhum melhor que outro, porém há mudanças significativas, principalmente com relação ao formato de uma equipe de viagem de um projeto independente em comparação com times de projetos mais estruturados. Não é uma tarefa simples dissociar funções específicas para cada profissão dentro do mercado da música, uma vez que, em razão da precarização do setor, o acúmulo de funções é algo comum. Existem inúmeros formatos de trabalho, e o mais corriqueiro é o independente, em que a maioria dos profissionais trabalha com poucos recursos técnicos e operacionais. Dessa maneira, é usual que artistas se autogestionem e acumulem funções administrativas em seus trabalhos musicais. A seguir, destacaremos algumas das profissões mais recorrentes no mercado musical.

Empresário(a)/*Manager*

A principal atividade do empresário é dar conta do planejamento e gerenciamento da carreira de um artista, embora também possa atuar em funções variadas e acumular as tarefas de *booker*, produtor etc. Além disso, ele deve manter-se atento às mudanças de mercado, organizar reuniões com especialistas das áreas de comunicação, publicidade e gerenciamento de carreiras e acompanhar o comportamento e a carreira de artistas do mesmo nicho com o qual trabalha. Entre outras atribuições do empresário estão assegurar a legalidade dos contratos, manter os acordos bem estabelecidos e, de tempos em tempos, reformular as estratégias de carreira para o alcance dos objetivos propostos.

Vendedor(a)/*Booker*

O vendedor é responsável pela venda e negociação de projetos e *shows* de um artista ou de uma banda com contratantes diversos. Responde profissionalmente por todas as demandas comerciais – sejam de concertos, sejam de participações em propagandas e ações de *marketing* – e faz o agendamento de *shows* em eventos e festivais. Usualmente, o trabalho do *booker* é supervisionado pelo empresário/*manager*.

Coordenador(a) de produção

O coordenador de produção é o profissional que coordena a realização do evento ou da gravação e que atua em quaisquer outras ações que digam respeito ao artista. É responsável por supervisionar a organização prévia (pré-produção), fazer o acompanhamento e a execução das tarefas de sua equipe (produção/execução) e, eventualmente, prestar contas e produzir relatórios (pós-produção). Alguns coordenadores de produção também se engajam na elaboração e na produção de projetos de leis de incentivo à cultura nas esferas nacional, regional ou municipal. Muitas vezes, essa função se mescla à tarefa do produtor executivo.

Produtor(a) executivo(a)

O produtor executivo é quem produz a realização do evento ou da gravação e atua em qualquer ação referente ao artista ou ao festival/evento. É responsável pela organização prévia (pré-produção), pelo acompanhamento e pela execução do evento (produção/execução), bem como pela desmontagem, pela finalização, pela produção de relatórios de fechamento e, eventualmente, pela prestação de contas (pós-produção). Alguns produtores também se envolvem na elaboração e na produção de projetos de leis de incentivo à cultura nas esferas nacional, regional ou municipal.

Produtor(a) técnico(a)

O produtor técnico é o profissional a quem cabe cuidar da execução técnica do trabalho artístico, o que envolve cenário, iluminação, sonorização e tudo o que se relaciona à montagem e à desmontagem.

Produtor(a) de logística

O produtor de logística é o profissional responsável por cuidar de toda a locomoção de equipe, instrumentos, equipamentos e cenário até o local da apresentação.

Músico(a)

Pela versatilidade, o músico pode atuar de diferentes maneiras – como compositor, músico principal, músico acompanhante, arranjador, maestro, assistente, substituto etc. Diversos profissionais acabam trabalhando em mais de uma frente, para garantir a subsistência, como em composições de *jingles* e trilhas sonoras e como professor de Música em escolas ou de modo independente.

DJ

O *disc jockey* (DJ) é o artista responsável por tocar músicas utilizando equipamentos eletrônicos e/ou eletromecânicos para a mixagem – original ou não – de músicas gravadas, como é o caso dos seletores, que tocam as músicas na íntegra.

Arranjador(a)

Responsável pela criação artística dos arranjos de um trabalho musical ou de uma peça por encomenda, o arranjador pode atuar pontualmente ou trabalhar em um projeto todo, como um disco, podendo trabalhar sozinho ou em conjunto com outros músicos. Ele pode arranjar trechos de uma obra ou de parte dos instrumentos e não necessariamente se envolve com a editoração de partituras.

Editor(a) de partituras

Geralmente, o editor de partituras é parceiro do arranjador/maestro/produtor musical e trabalha na transposição eletrônica de partituras por meio de programas de notação musical.

Produtor(a) musical

O produtor musical dirige o registro sonoro de obras musicais, organiza a ordem de gravação de instrumentistas e cantores, escolhe o estúdio e define os melhores equipamentos a serem utilizados. Além disso, realiza o controle das sessões de gravação e supervisiona o processo de mixagem. Não necessariamente trabalha como arranjador ou músico.

Roadie

O *roadie* é o responsável pela organização e afinação dos instrumentos. Ele prepara o palco antes da passagem de som e auxilia os artistas não só nesse momento, mas também durante a realização do *show* ou concerto. Também cabe a esse profissional fazer a organização e o correto armazenamento dos equipamentos após as apresentações.

Diretor(a) de palco

O diretor de palco faz a gestão e a troca de bandas em um festival ou evento com uma série de artistas. Ele é responsável por gerir a equipe que trabalha no palco e os equipamentos, bem como a troca de bandas, o cronograma de passagem de som, os horários de início e término dos *shows*, as desmontagens e a conferência de equipamentos, incluindo o *backline*.

Técnico(a) de *public audition* (PA)

Esse profissional é responsável pela equalização das caixas de som que são direcionadas ao público.

Técnico(a) de monitor

É o técnico responsável pela equalização das caixas de som ou fones (*in ear*[1]) que são direcionados como retorno aos músicos no palco.

Comunicador(a)

O comunicador é o profissional a quem cabe criar as estratégias de divulgação e de difusão das informações, além de manter o diálogo com o público e elaborar mecanismos para atingir os objetivos traçados.

...
1   Tipo de retorno que chega diretamente aos ouvidos dos músicos, por meio de fones de ouvido.

5.4 Indústria da música: pesquisa de público consumidor

De acordo com relatório de 2022 publicado pela IFPI, o mercado global de música gravada cresceu 18,5% em 2021, em razão do aumento na quantidade de inscrições *premium* ou pagas em plataformas de *streaming* (IFPI, 2022). Nesse sentido, podemos observar que, embora essa ascensão do mercado digital seja uma realidade apontada pela mesma federação desde 2013, os efeitos da pandemia de covid-19 no mercado da música revelam que a busca por entretenimento no âmbito digital entre 2020 e 2021 se acelerou em comparação com os anos anteriores. Em números de arrecadação, o relatório indica que o total de rendimentos em 2021 foi de US$ 25,9 bilhões.

Em 2021, o aumento da adesão às plataformas de *streaming* (contas pagas ou *premium*) foi de 21,9%, sendo 523 milhões de usuários pagos nas plataformas. Ao todo, a arrecadação via *streamings*, incluindo contas *premium* e *freemium*, cresceu em 24,3% e alcançou US$ 16,9 bilhões, ou 65% do total das receitas de música gravada (vendas físicas). Além das receitas oriundas do *streaming*, foram constatados ganhos de outras áreas, sendo apenas 16,1% em vendas físicas e 4% em direitos de *performance* (IFPI, 2022).

Além disso, conforme o relatório, as gravadoras (tanto *majors* quanto *indies*) têm trabalhado para o contínuo crescimento desse ecossistema, embora o monopólio e o poder de mercado das grandes gravadoras e o impacto dessa influência no mercado digital sejam completamente distintos.

É importante destacar que as relações de poder impostas pelo mercado acarretam consequências complexas, as quais, nos últimos anos, em virtude dos drásticos efeitos da pandemia de covid-19 no mercado musical, têm se agravado. Em comparação com dados globais, o relatório do IFPI (2022) revela que o crescimento no mercado latino-americano foi de 31,2%. Como justificativa para esse fato, podemos considerar o aumento nos índices de utilização das redes sociais que envolvem diretamente a reprodução de música, mesmo que de maneira fragmentada, tais como as plataformas TikTok, Kwai e, até mesmo, Instagram.

5.5 Desenhando um modelo de negócios

Para a finalidade desta obra, na qual pretendemos apresentar noções concretas sobre produção na área musical, a música pode ser um ramo de atuação empresarial como qualquer outro, embora tenha algumas particularidades. Certamente, há momentos de sazonalidade e contextos que possibilitam uma atuação mais efetiva para cada etapa. Para criar um modelo de negócios, o mais importante é conhecer e entender o mercado de atuação, bem como identificar os objetivos atingíveis que podem ser traçados a partir disso. As parcerias com o público e instituições e a manutenção de uma rede de contatos também são fundamentais para a constância de um trabalho. Com base em um diagnóstico, é interessante buscar por formas parecidas de produção, questionando, por exemplo: De que modo atuam outras bandas cujo público-alvo é semelhante? Como determinada empresa se destacou no mercado? Quais são os festivais que combinam com a banda com a qual atuo? O que fazer para ser convidado novamente depois de participar de uma edição de um festival?

5.6 Abrindo uma empresa musical com baixo investimento

A organização empresarial para pequenos produtores do ramo musical é facilitada no Brasil. Para começar, sugere-se a abertura de uma pequena empresa, sendo a do tipo Microempreendedor Individual (MEI) a mais recomendada. Isso porque, embora tenha um limite de faturamento anual, ela proporciona muitas vantagens para quem está no início da carreira. A primeira diz respeito ao baixo custo, uma vez que a abertura da MEI é gratuita; basta efetuar mensalmente o pagamento da guia do Simples Nacional (Torres, 2023)[2].

Nesse tipo de empresa, é possível eleger até 16 códigos dentro da Classificação Nacional de Atividades Econômicas (CNAE), sendo uma a atividade principal, e as outras, adjacentes. A atividade principal deve ser elencada como a que trará o maior retorno financeiro; a mais recorrente, para o nosso caso, é a CNAE 9001-9/02 Produção Musical. Com essa classificação, os serviços prestados podem ser os seguintes (MEI Fácil, 2021):

- Cantor(a)
- Músico(a) independente
- Produção de arranjo musical
- Artes cênicas independentes
- Banda musical
- Companhias musicais
- Composição de partituras
- Concertos e óperas

---
2   Em agosto de 2023, estava na faixa dos R$ 70,00.

- Conjunto musical
- Coral
- Evento cultural musical
- Organização e promoção de eventos musicais
- Grupo musical
- Orquestra
- Produção musical
- Trio elétrico

Outras atividades se encaixam em outras Classificações CNAE, como vender ingressos ou discos (7990-2/00) ou fazer a gestão de espaços de produção musical (9003-5/00). Acompanhe, na sequência, os exemplos mais recorrentes para o trabalho musical.

Importante!

Lista de CNAEs

- 7490-1/05 – Agenciamento de profissionais para atividades esportivas, culturais e artísticas
- 6010-1/00 – Atividades de rádio
- 8592-9/03 – Ensino de música
- 5920-1/00 – Atividades de gravação de som e de edição de música
- 8592-9/99 – Ensino de arte e cultura não especificado anteriormente
- 9001-9/01 – Produção teatral (para projetos de Teatro Musical)

- 9001-9/02 – Produção musical

- 9001-9/06 – Atividades de sonorização e de iluminação

- 9003-5/00 – Gestão de espaços para artes cênicas, espetáculos e outras atividades artísticas

- 9493-6/00 – Atividades de organizações associativas ligadas à cultura e à arte

- 4762-8/00 – Comércio varejista de discos, CDs, DVDs e fitas

- 4756-3/00 – Comércio varejista especializado de instrumentos musicais e acessórios

- 3220-5/00 – Fabricação de instrumentos musicais, peças e acessórios

- 8592-9/03 – Ensino de música

- 7729-2/02 – Aluguel de móveis, utensílios e aparelhos de uso doméstico e pessoal; instrumentos musicais

- 9529-1/99 – Reparação e manutenção de outros objetos e equipamentos pessoais e domésticos não especificados anteriormente (reparação de instrumentos)

Como os custos são baixos, recomenda-se que todo prestador de serviços tenha a própria empresa do tipo MEI. No caso de expansão do negócio (em faturamento ou número de funcionários), a modalidade empresarial pode ser alterada. Como informado, esse tipo de organização demanda apenas o pagamento de uma taxa mensal, que varia de acordo com os serviços prestados (serviços, comércio ou serviço e comércio), sem a necessidade de gerar outras guias para o pagamento de impostos. Os limites relativos à arrecadação e à quantidade de funcionários permitida também mudam de ano para ano. Por essa razão, é fundamental manter-se atualizado e acompanhar os canais oficiais do governo federal.

Após a abertura da empresa e já com os fluxos de prestação de serviços e comércio, se for o caso, sugere-se proceder a um controle financeiro, por meio do qual será possível entender o fluxo de trabalho e perceber quais atividades fornecem maiores retornos para o negócio. A esse respeito, a formalização (mesmo que para pequenos serviços) é muito importante. Desse modo, a emissão de notas fiscais é de extrema relevância para a prestação de serviços em geral, além de ser exigida na prestação de contas de projetos de lei de incentivo à cultura.

Partindo do pressuposto de que se quer abrir uma empresa para a prestação de serviços na área de música, devemos considerar que é necessário organizar tudo antes da formalização e da atuação propriamente dita. Por isso, a seguir, indicamos algumas perguntas norteadoras para iniciar essa etapa.

I. O quê?
    Trata-se dos serviços e produtos a serem ofertados: *shows*, venda de discos, camisetas, adesivos etc., *streaming*, produção de trilhas sonoras, escrita de projetos etc.
II. Quem?
    Refere-se ao público consumidor e a possíveis clientes. Cabe elencar os potenciais consumidores dos produtos indicados na etapa anterior.
III. Como?

Consiste em reunir estratégias de ação para alcançar os objetivos propostos: difusão de música, criação de *site*, realização de promoções, abertura de canais de venda, organização da equipe, envio de projetos, captação de recursos etc.

IV. Quanto?

Vincula-se aos valores de investimento em dinheiro e em trabalho e às metas de retorno financeiro a pequeno, médio e longo prazos, de acordo com a necessidade.

Após a listagem inicial, é possível aprofundar essas questões, desdobrando-as conforme o esquema apresentado no Quadro 5.1, ao qual podem ser acrescentadas mais etapas, se preciso. O modelo Canvas consiste em uma tabela na qual podemos inserir respostas para os tópicos elencados.

Quadro 5.1 – Canvas

PROPOSTA DE VALORES (PRODUTOS)	SEGMENTO DE CLIENTES	CANAIS
O que seu negócio vai oferecer para o mercado que realmente terá valor para os clientes.	Quais segmentos de clientes serão foco do seu negócio.	Como o cliente compra e recebe seu produto e serviço.
RELACIONAMENTO COM CLIENTES	**ATIVIDADE-CHAVE**	**RECURSOS PRINCIPAIS**
Como sua empresa se relacionará com cada segmento de cliente.	Quais são as atividades essenciais para que seja possível entregar a proposta de valor.	São os recursos necessários para realizar as atividades-chave.

PARCERIAS PRINCIPAIS	FONTES DE RECEITA	ESTRUTURA DE CUSTOS
São as atividades-chave realizadas de maneira terceirizada e os recursos principais adquiridos fora da empresa.	São as formas de obter receita por meio de propostas de valor.	São os custos relevantes necessários para que a estrutura proposta possa funcionar.

5.7 Órgãos e entidades que regulam e fiscalizam o setor

A regulamentação dos músicos como categoria profissional foi formalizada por meio da Lei n. 3.857, de 22 de dezembro de 1960 (Brasil, 1960), que também criou a Ordem dos Músicos do Brasil (OMB), após anos de luta da classe musical pelo simples reconhecimento da profissão.

Segundo a comunicação oficial da instituição, as atribuições da OMB são a defesa dos interesses da classe e a interlocução com o Poder Público e a sociedade (representando os músicos brasileiros) a fim de buscar por políticas públicas de incentivo à cultura da música nacional. A entidade tem natureza jurídica autárquica e é composta de um Conselho Federal sediado em Brasília (DF) e de conselhos regionais localizados em todos os estados da Federação (OMB, 2023).

A história da OMB é marcada por desavenças, bem como pelo controle e pela censura exercidos durante a ditadura militar. O interventor nomeado, Wilson Sandoli, permaneceu à frente da entidade por mais de 40 anos, de modo que a atuação da instituição foi enfraquecida pelo monopólio político, em que as decisões eram unilaterais. Outro ponto que prejudicou o processo democrático foi que, além de estar à frente da organização, Sandoli também representava o Conselho Regional e o Sindicato dos Músicos, entidades que deveriam dialogar entre si, buscando atender à pluralidade da classe musical.

A ampla rejeição do setor musical a essas instituições representativas acarretou outras formas de mobilização política do setor, a exemplo do Fórum da Música, que teve papel crucial na alteração da Lei de Direitos Autorais, sobretudo para um maior controle do Escritório Central de Arrecadação e Distribuição (Ecad), como mencionamos no capítulo anterior. Também como resultado desse contexto, em 2019, os músicos associados e independentes finalmente conseguiram obter respostas jurídicas para barrar a obrigatoriedade de filiação à OMB para o exercício profissional.

Em 2020, o centro de pesquisa da Feira de Música SIM SP (S.A.) promoveu um estudo sobre os impactos da pandemia na cadeia musical. Entre as várias questões relevantes acerca do assunto, os dados apresentados demonstraram um baixo associativismo: dos respondentes, 77% declararam não contarem com representação de classe (Valor Cultural, 2020). Além disso, a pesquisa apontou que a fragilidade política de tais instituições se reflete na baixa adesão do setor:

> O associativismo, a busca de entidades múltiplas que possam representar com legitimidade e expressar as necessidades de cada um dos diferentes aspectos da cadeia de produção da Música Brasileira, deveria ser a coroação desse processo inédito de crise, desta oportunidade de reflexão e conexão. Da mesma forma, seria desejável a consolidação orgânica de uma federação associativa do setor, que congregue de forma horizontal e democrática os

interesses das diversas categorias profissionais da música. A oportunidade estaria em não reproduzir velhas práticas políticas (ligadas a lobbies específicos já consolidados na representação do setor) e dar voz às múltiplas iniciativas de organização que surgiram no período e que recolocam em novos termos as lutas históricas do setor. (Valor Cultural, 2020)

Síntese

Neste capítulo, ressaltamos que o percurso da indústria fonográfica no Brasil foi marcado por momentos de ascensão e crise. Vimos que, para o melhor funcionamento de qualquer trabalho autônomo, a formalização é fundamental, assim como o entendimento das etapas que formam o modelo de negócios em questão. Além disso, para além dos cenários políticos desfavoráveis à cultura, a falta de representatividade das entidades de classe e os baixos índices de associativismo têm contribuído para a falta de políticas para o setor.

Indicações culturais

UMA NOITE em 67. Direção: Renato Terra e Ricardo Calil. Brasil, 2010. 93 min. Documentário.

Esse documentário mostra cenas da etapa final do icônico Festival da Música Popular Brasileira da TV Record, realizado em 21 de outubro de 1967. Chico Buarque, Caetano Veloso, Gilberto Gil e Os Mutantes, Roberto Carlos, Edu Lobo e Sérgio Ricardo estavam entre os candidatos aos principais prêmios. Com imagens de arquivo e apresentações de músicas que atualmente consideramos clássicas, o filme registra desde as disputas políticas até a consagração de artistas que se tornaram ídolos.

VOX. **Estelle Caswell**. Disponível em: <https://www.vox.com/authors/estelle-caswell>. Acesso em: 8 dez. 2023.

Estelle Caswell faz um trabalho que busca compreender exatamente o que acontece para que uma música se torne viral e um artista passe a ser um genuíno sucesso.

PODCAST: Mano a Mano, com a cantora Ludmilla. Disponível em: <https://open.spotify.com/episode/4TKOvp0YZrIJnCWWJd43w6>. Acesso em: 8 dez. 2023.

Apresentada pelo *rapper* brasileiro Mano Brown, essa conversa com a cantora Ludmilla é interessante na medida em que aborda temas como a indústria musical e as carreiras dos dois artistas.

ROCK in Rio 30 anos (documentário completo). 12 maio 2023. Disponível em: <https://www.youtube.com/watch?v=otPfEJ2A1X0>. Acesso em: 8 dez. 2023.

Um marco na cena dos festivais foi a chegada do Rock in Rio ao Brasil, que teve um significativo impacto cultural já em sua primeira edição, em 1985, com a histórica participação de bandas *mainstream* nacionais e internacionais, em uma programação ininterrupta de dez dias.

VELOSO, C. **Verdade tropical**. São Paulo: Companhia das Letras, 1997.

Além de ser um texto autobiográfico que transporta o leitor para a vida do compositor e seu encontro com a música, Caetano Veloso narra, nessa obra, histórias controversas e engraçadas, a exemplo das disputas entre a Jovem Guarda e a MPB no período da ditadura militar brasileira.

Atividades de autoavaliação

1. A respeito da filiação à Ordem dos Músicos do Brasil, avalie as afirmações a seguir e indique V para as verdadeiras e F para as falsas.
   ( ) É obrigatória, e os não filiados no exercício da profissão podem ser multados.
   ( ) A Ordem dos Músicos do Brasil foi criada em 1960, por meio da Lei n. 3.857.
   ( ) A obrigatoriedade está suspensa em decorrência de uma liminar concedida aos músicos associados.
   ( ) É fundamental para o exercício da profissão.

   Agora, assinale a alternativa que apresenta a sequência obtida:
   a) F, V, V, F.
   b) V, V, V, F.
   c) F, F, V, V.
   d) V, V, F, V.
   e) V, F, F, V.

2. Quanto à indústria fonográfica brasileira, avalie as afirmações a seguir e indique V para as verdadeiras e F para as falsas.
   ( ) A trajetória da indústria fonográfica no Brasil é marcada por momentos de ascensão e crise. Gravadoras de grande alcance (*majors*) e selos independentes (*indies*) são forças que se complementam e se contrapõem.
   ( ) A indústria fonográfica brasileira sofreu uma considerável perda de receita com os impactos da tecnologia P2P e os *downloads* desenfreados de músicas no formato MP3.

( ) A indústria fonográfica brasileira teve um aumento de vendas de discos físicos, com o auxílio das associações de música.
( ) Períodos de concentração de mercado corresponderam a certa homogeneidade na produção musical, ao passo que épocas de competição tiveram como consequência maior diversidade e experimentação.
( ) Embora inicialmente possamos qualificar as duas forças motrizes da indústria fonográfica (*indies versus majors*) como antagônicas, na prática, com o passar dos anos, elas tiveram um caráter de complementaridade que perdura até hoje.

Agora, assinale a alternativa que apresenta a sequência obtida:

a) V, F, V, F, V.
b) V, V, V, F, F.
c) F, F, V, V, V.
d) V, V, F, V, V.
e) V, F, F, V, F.

3. Sobre a música popular brasileira (MPB), avalie as afirmações a seguir e indique V para as verdadeiras e F para as falsas.
   ( ) A expressão *música popular brasileira* se refere a um período marcado pela sucessão da bossa nova na época pré e pós-ditadura militar, o que veio a representar um marco na história da música brasileira pelo estrondoso sucesso e pela movimentação da juventude da classe média e universitária no Brasil.
   ( ) O termo também passou a ser utilizado para fazer referência à noção de *canção de protesto*, em um contexto demarcado

pela censura e pela perseguição política provocada pela ditadura militar.

( ) Na televisão, os festivais de música das décadas de 1960 e 1970 tiveram um papel secundário na divulgação de artistas e compositores em âmbito nacional.

( ) Nos anos 1960 e 1970, a televisão se consolidou como o principal veículo de comunicação do país, abrindo um espaço que se tornaria definitivo para o cenário musical: os concursos de canções dos festivais de música.

( ) Com as crises econômicas que acometeram o Brasil no decorrer dos anos, as gravadoras independentes acabaram sendo compradas pelas *majors*, que incorporaram em seu portfólio artistas de catálogo.

Agora, assinale a alternativa que apresenta a sequência obtida:

a) V, F, V, F, V.
b) V, V, F, V, V.
c) F, F, V, V, V.
d) V, V, F, V, F.
e) V, F, F, V, F.

4. Acerca da formalização de empresas culturais de música, avalie as afirmações a seguir e indique V para as verdadeiras e F para as falsas.

( ) No Brasil, a formalização de empresas culturais de música consiste em um processo simplificado e com reduzida taxação de impostos, com condições facilitadas para pequenos empresários no formato de empresa individual (MEI).

( ) Existem códigos de serviço (CNAEs) para uma gama de áreas de atuação no âmbito da música.

( ) A ausência de um CNPJ pode representar uma barreira para a participação em editais públicos de financiamento e de contratações com empresas.

( ) Em caso de aumento da receita anual para além do teto estabelecido em cada categoria empresarial, a empresa não tem variação de taxação de impostos.

Agora, assinale a alternativa que apresenta a sequência obtida:

a) V, F, V, V.
b) V, V, V, F.
c) F, F, V, V.
d) V, V, F, V.
e) V, F, V, F.

5. Avalie as afirmações a seguir e indique V para as verdadeiras e F para as falsas.
   ( ) Não existem festivais realizados sem patrocínio, cujas receitas sejam oriundas somente da venda de ingressos e do consumo no local.
   ( ) Os festivais de música do Brasil têm um papel fundamental no impulsionamento da cena *midstream* e independente do país. Com ocorrência em diversos estados, são responsáveis pela movimentação e circulação de bandas, além de pautarem tendências culturais por meio de suas programações.
   ( ) No Brasil, grande parte dos festivais de música tem suporte público em leis de incentivo à cultura, sobretudo na Lei Federal de Incentivo à Cultura, a Lei Rouanet.

( ) As leis estaduais e municipais de incentivo também têm um papel significativo na realização dos festivais de música brasileiros.

Agora, assinale a alternativa que apresenta a sequência obtida:

a) V, V, F, V.
b) V, V, F, F.
c) F, V, V, V.
d) V, F, V, F.
e) V, V, V, F.

Atividades de aprendizagem

Questões para reflexão

1. Na última década, no Brasil, as redes sociais cujos vídeos representam a principal interface tiveram um importante papel para a viralização e o alcance de músicas. Você consegue identificar os padrões musicais característicos em canções que viralizaram? Especifique.

2. É de conhecimento público que as *big techs* têm influenciado e exercido um poder de mercado muito nocivo para o setor musical, sobretudo o independente. Em sua opinião, que meios poderiam ser implementados com o objetivo de equalizar um mercado tão desigual como o da música?

Atividades aplicadas: prática

1. Faça um diagnóstico cultural da região em que você vive realizando um levantamento e uma análise dos seguintes itens:

- financiamentos públicos e privados do setor cultural;
- consumos culturais relacionados à atividade;
- preços médios das entradas;
- mapeamento das instituições culturais do segmento (parceiros e concorrentes);
- equipamentos culturais disponíveis (localização e capacidade);
- calendário de eventos concorrentes no ano.

2. Nesta atividade, propomos a você a elaboração de um material de venda de uma banda musical. Para isso, escolha um artista independente com quem você gostaria de trabalhar. Pesquise em *sites* de artistas que têm proximidade com aquele que você selecionou (quantidades mensais de *streamings* e integrantes de uma mesma cena musical) e, então, reúna fotos, crie um *release* e estruture, em um modelo Canvas, formas de divulgação e venda desse artista a partir do plano de negócios.

Capítulo 6

NOVOS MERCADOS: *STREAMING* E SINCRONIZAÇÃO

Isadora Rodrigues Moreira da Silva

Neste capítulo de fechamento, apresentaremos algumas atualizações e reflexões importantes sobre o mercado da música em diferentes aspectos, com foco na cena musical independente. Como as políticas culturais passaram por um momento de significativa desestruturação nos últimos anos, teceremos algumas considerações relevantes acerca do futuro do setor musical. Nessa ótica, abordaremos os principais desafios do mercado musical, bem como alternativas que vêm sendo criadas para combater os monopólios da indústria em tempos de crises econômicas e simbólicas na cultura. Ainda, trataremos do funcionamento dos mecanismos de pagamento e recebimento de direitos autorais em ferramentas de *streaming*, de acordo com as premissas anteriormente comentadas. Não somente as tecnologias têm mudado constantemente, mas também as dinâmicas que envolvem o consumo e a distribuição de música. Sob essa perspectiva, refletiremos sobre as novas tendências para o futuro, pois as noções de consumo musical e indústria musical têm se fragmentado e, com efeito, proporcionado o surgimento de diversos outros cenários.

6.1 Principais desafios no mercado musical

Nos últimos anos, o setor da cultura foi impactado por um enfraquecimento sistematizado, decorrente do crescente desmonte de políticas culturais e do contingenciamento de recursos e políticas para a área. Logo no começo do governo de Michel Temer, o papel dos estados e dos municípios na condução de políticas para a cultura tornou-se fundamental, em razão da ausência por parte do governo federal. Além do anúncio do corte orçamentário de 43% (Barbalho, 2018), o governo Temer (2016-2018) também foi marcado pelo início da desestruturação interna do Ministério da Cultura, com a extinção das secretarias vinculadas à pasta, além de demissões em massa.

Ainda, os mecanismos de diálogo com a sociedade civil, que historicamente contribuíram para a consolidação de políticas e para o avanço das pautas caras à música, foram bruscamente interrompidos. Desde 2016, o então Ministério da Cultura sofreu diversos cortes orçamentários e estruturais, que implicaram descontinuidade e enfraquecimento de vários setores da cultura. As condições se agravaram desde 2019, com a extinção do Ministério da Cultura e a falta de políticas efetivas para a área. Nesse sentido, uma das primeiras medidas da gestão Bolsonaro foi a reestruturação de ministérios, entre eles o Ministério da Cultura, que foi reduzido a uma secretaria denominada Secretaria Especial de Cultura (SEC), inicialmente subordinada ao Ministério da Cidadania e, a partir de 2020, vinculada ao Ministério do Turismo. Além disso, grandes instituições públicas parceiras do financiamento à cultura, como a Petrobras, a Caixa Cultural e o Centro Cultural Banco do Brasil, descontinuaram suas ações, sobretudo nos setores finalísticos. Tais instituições eram protagonistas no fomento à circulação de bens culturais no Brasil. Nessa perspectiva, de acordo com Calabre (2020, p. 11),

> O novo governo bloqueou ou descontinuou inúmeras ações que eram realizadas com recursos próprios do governo federal através de editais e parcerias, com estados e municípios, tanto os do antigo Ministério da Cultura, quanto os da Fundação Nacional de Artes (Funarte) e de outras instituições vinculadas. Recomendou, ainda, que as estatais, como a Petrobrás, deixassem de ser patrocinadoras de eventos e atividades artísticas.

O retrocesso causou um impacto negativo na arrecadação de recursos para inúmeros espaços de difusão artística, com destaque para os festivais de música, espaços de intercâmbio cultural e de formação de plateia fundamentais para a cena musical brasileira.

No âmbito regional, mesmo que timidamente, as leis de incentivo estaduais e municipais ainda mantêm uma parte significativa da produção cultural de suas regiões. No entanto, o formato ainda é pouco acessível, em virtude da quantidade de etapas processuais, documentos e formalidades, assim como da ampla concorrência e dos baixos orçamentos. A depender do âmbito em que a produção está inserida, existem diferentes formatos, o que torna alguns editais facilitados em termos de inscrição e, também, de ações afirmativas para a diminuição das desigualdades, ao passo que outros acabam por manter políticas pouco inclusivas.

Com a retomada do Ministério da Cultura em 2023, comandado pela cantora e empreendedora cultural Margareth Menezes, uma das ações mais significativas desse órgão foi a publicação do Decreto n. 11.453, de 23 de março de 2023 (Brasil, 2023a), que versa sobre políticas de fomento que terão impacto direto nas políticas do governo federal e deverão ser aplicadas em estados e municípios. O texto legal aponta para diretrizes adequadas à dinâmica dos projetos culturais e para um avanço na implementação do Sistema Nacional de Cultura (SNC). Ainda que o decreto contenha aspectos positivos, será preciso que os espaços de participação social se fortaleçam, contribuindo democraticamente no processo de agenda e formulação das políticas para a cultura, como é o caso dos conselhos de cultura e dos fóruns da sociedade civil organizada. Tais espaços têm sido importantes para superar a crise econômica enfrentada pelo setor, além da falta de representatividade dos órgãos da classe musical regidos por lei, como explicamos no capítulo anterior.

Além dos editais de incentivo, nos últimos anos, houve um expressivo crescimento das plataformas de financiamento coletivo, a exemplo do *crowdfunding*, mecanismo por meio do qual se busca mobilizar o público com o objetivo de arrecadar recursos para projetos de diversos formatos, incluindo desde aqueles de baixo custo até os que exigem grandes arrecadações (trata-se da famosa "vaquinha"). Sabemos que, historicamente, a cena independente tem buscado alternativas e, por muito tempo, esse modelo de negócio foi bem-sucedido e responsável por tirar do papel projetos variados, tanto de artistas mais novos ou desconhecidos quanto dos que têm projeção nacional. Para seguir esse modelo, é necessário elaborar um planejamento estratégico que englobe os objetivos da campanha e as recompensas para os apoiadores.

Com o aumento da distribuição musical pelas plataformas de *streaming*, a ideia de consumo musical tem se fragmentado e se alterado constantemente. Nesse cenário, é bastante relevante o impacto das grandes empresas de tecnologia. Influenciado pela inteligência artificial dos algoritmos, que rastreia os interesses e cliques dos usuários, o público consumidor retratado nessas plataformas é, em parte, produzido artificialmente, mediante sugestões enviadas pelos próprios aplicativos. O *marketing* digital também tem determinado a ampliação de público e, graças à boa utilização dessas práticas, alguns artistas independentes têm conseguido "furar bolhas" e atingir novos públicos, sobretudo por meio de *playlists* que trazem artistas cujas músicas rendem um ótimo volume de *streams*. Os formatos digitais compreendem um aspecto importante do consumo, porém os números digitais não retratam com exatidão o público dos *shows* – extremamente relevante para a consolidação de um trabalho musical.

Quanto à música popular no ambiente acadêmico, a noção de *cenas musicais* representa uma fundamental contribuição para os estudos da área e também pode ajudar a entender de que modo ocorrem as relações entre artista e público. Na sociologia, é relevante a contribuição de Will Straw para a compreensão das cenas musicais. Simone Pereira de Sá (citada por Janotti Junior, 2012, p. 5-6) condensa e apresenta o pensamento de Straw a partir do entendimento de como tais cenas se formam em um contexto urbano:

> entendemos que a noção de cena refere-se: a) A um ambiente local ou global; b) Marcado pelo compartilhamento de referências estético-comportamentais; c) Que supõe o processamento de referências de um ou mais gêneros musicais, podendo ou não dar origem a um novo gênero; d) Apontando para as fronteiras móveis, fluidas e metamórficas dos grupamentos juvenis; e) Que supõem uma demarcação territorial a partir de circuitos urbanos que deixam rastros concretos na vida da cidade e de circuitos imateriais da cibercultura, que também deixam rastros e produzem efeitos de sociabilidade; f) Marcadas fortemente pela dimensão midiática.

Nesse aspecto, compreendemos que as cenas musicais consistem em contextos de interação social construídos pelas dinâmicas culturais. As cenas são impactadas pela sociedade e vice-versa e também produzem e integram mercados do setor musical. Tal conceituação é relevante no sentido de refletirmos a respeito de como as formas de consumo, de experienciar e viver a música, devem ser entendidas mais profundamente.

6.2 Mercado físico

O mercado físico se refere à venda de produtos de música em formato físico, como discos, sejam *long plays* (LPs), sejam *compact discs* (CDs). Esse mercado representou por muito tempo a maior fonte de receita da indústria fonográfica. Contudo, com o desenvolvimento do mercado digital, aos poucos foi perdendo sua representatividade econômica.

Como abordamos anteriormente, o relatório da Federação Internacional da Indústria Fonográfica (IFPI, 2022) apontou que as formas de distribuição de músicas gravadas fisicamente (CDS, DVDs, *songbooks*) estão em queda constante, sendo cada vez mais sufocadas pelo mercado digital. Isso também se justifica pelo significativo poder e monopólio das grandes empresas de tecnologia, que, à medida que se expandem no mercado, estrangulam o setor, remunerando os músicos e profissionais da cadeia com valores extremamente baixos. Recentemente, uma das líderes no mercado de *streaming*, o Spotify, atualizou sua política de anúncios, permitindo que, para além da difusão algorítmica, as instituições possam pagar por anúncios de difusão de música. Essa versão atualizada do jabá contribui para o monopólio das indústrias, uma vez que, quanto mais recursos financeiros estão disponíveis, maiores são as chances de seguir no topo das plataformas.

Além da venda de produtos, vamos ampliar nosso debate a respeito do mercado físico e considerá-lo também como o espaço para a comercialização de ingressos para *shows* presenciais, por meio de festivais ou de eventos independentes. As receitas provenientes de concertos presenciais consistem no cerne da remuneração dos artistas independentes. Por isso, os impactos decorrentes da pandemia de covid-19 no setor da cultura foram sem precedentes no mercado da música. É nos *shows* e nos festivais ao vivo que os artistas encontram com o público, ou seja, é com essas trocas que muitos trabalhos se consolidam.

A circulação de bandas independentes em festivais de música no Brasil também foi marcada pelas populares lojinhas, nas quais são vendidos discos, camisetas, adesivos etc. Nesse cenário, ações como essas permitiam aos fãs aproximar-se dos artistas e apoiar suas carreiras, além de utilizar produtos da marca, gerando uma ação de *marketing* direta.

Os fatores socioculturais que caracterizam o público consumidor de música são variáveis e impactam diretamente essa indústria. Os modos de consumo, as faixas etárias e a ascensão tecnológica são algumas das variáveis que influenciam a forma como o mercado reage. Por exemplo, como já mencionamos nesta obra, mesmo com a grande popularização e facilidade de acesso às músicas em formato digital, a venda de discos de vinil teve um crescimento significativo em 2021. Isso pode ser explicado pelo fator cultural vinculado à prática de colecionar discos, bem como pelo ritual atrelado ao ato de selecionar um álbum para apreciação, na condição de item colecionável. Para atender a esse mercado, existem feiras de discos promovidas com certa frequência, nas quais os amantes desse formato podem vender, comprar e trocar raridades.

6.3 Mercado digital e serviços de *streaming* de áudio e vídeo

O público massivo dos aplicativos de vídeo, como TikTok e Instagram, tem o hábito de reproduzir áudios diversos, o que inclui músicas de épocas diferentes. Essa difusão não está diretamente relacionada aos usuários que compram ingressos para *shows*. No caso dessas plataformas sociais, nota-se um tipo de consumo musical muito fugaz, voltado a um entretenimento circunstancial, mas que, ainda assim, é capaz de impulsionar carreiras de artistas, como tem acontecido em alguns casos.

Nos anos 1990, as estações de rádio virtuais também representaram um novo patamar na transmissão de música: a possibilidade de acessar em tempo real rádios de qualquer lugar do mundo. O surgimento do formato MP3 foi revolucionário no que diz respeito à transmissão de arquivos musicais, pois, por meio de programas compartilhadores *peer-to-peer* (P2P), um grande número de usuários passou a poder fazer *download* de arquivos variados. Esse novo contexto facilitou a transmissão de filmes e músicas, e as plataformas de *download* começaram a ser alimentadas com conteúdos gratuitos. O advento dessas plataformas foi potencializado pela facilidade de baixar e trocar músicas e organizar esses arquivos no próprio dispositivo ou em mídias, como *CD players* e DVDs. O problema é que os *downloads* não eram regulados e, consequentemente, não incorriam no pagamento de *royalties*. Em razão disso, as páginas mediadoras de *downloads* de conteúdo tiveram de enfrentar uma série de processos judiciais. Mas, além de prejudicar as *majors*, a tecnologia desenfreada também impactou a cena alternativa, contribuindo para o enfraquecimento das lojas especializadas em música.

Foi esse contexto que acarretou uma significativa crise na indústria fonográfica na década de 2000 – e que perdura até hoje –, apontando para uma queda de 50% de arrecadação com a comercialização de produtos dos mais variados fins. A forma como atualmente baixamos música se baseia na mesma tecnologia, porém, na maioria dos casos, ocorre a mediação das plataformas *on-line* que vendem esses arquivos ou, mesmo, uma cota de músicas mensais.

Diante desse cenário de ampla difusão não autorizada pela internet, uma boa parcela dos conteúdos que eram difundidos fazia parte de um cenário musical hegemônico, sem muitas novidades; por outro lado, o novo panorama contribuiu significativamente em determinados cenários musicais independentes, que abrangiam tanto álbuns quanto faixas em coletâneas. Após a criação de plataformas como o MySpace, uma espécie de rede social que promovia o compartilhamento de músicas, parte do cenário independente se fortaleceu: a ferramenta gerou enorme impacto e mobilizou sobretudo o público jovem para buscar novas músicas. Nos perfis de artistas, era possível compartilhar informações sobre bandas, agenda de *shows* e ficha técnica. A rede era interessante e atrativa para os músicos independentes e um canal de pesquisa e difusão de música para o público. No entanto, embora relevante, ainda não havia um formato específico de remuneração para as páginas de artistas no *site*.

Nesse contexto, a Trama Virtual, plataforma brasileira considerada pioneira no cenário independente, surgiu com novidades relevantes: consistia em uma rede social para bandas e artistas que disponibilizava, na página destes, músicas para *download*, fotos e agenda de *shows*. O *website* representou um marco na cena independente, pois finalmente proporcionava, de maneira organizada, um potente canal de difusão da cena independente das últimas décadas.

Muitas bandas que anos mais tarde tiveram uma trajetória relevante foram descobertas nessa plataforma. A Trama ainda oferecia um modelo de negócios mais vantajoso para artistas e público, e sua curadoria era formada por uma equipe que fazia destaques, incentivando mais cliques no perfil de alguns artistas. A plataforma encerrou suas atividades em 2013, dois anos após a chegada do *streaming* no Brasil, no modelo que conhecemos hoje.

Outro elemento fundamental foi a consolidação da MTV Brasil como principal referência musical nos anos 1990. Voltado para a cultura *pop* e a juventude, o canal foi lançado na TV aberta em parceria com a empresa estadunidense de mesmo nome. A MTV difundia muitos artistas independentes e seus videoclipes, acompanhava turnês e entrevistava músicos emergentes no cenário nacional. Foi a partir de sua influência que o audiovisual começou a se firmar como um aliado da música e que os videoclipes passaram a ter grande importância nos lançamentos musicais, aliando música e comportamento.

A partir de 2007, com a chegada do YouTube ao Brasil, o mercado de *streaming* começou a representar uma importante plataforma para a difusão de conteúdo, muito por conta de seu acesso mais facilitado em comparação com as páginas de *download*. Por meio de um extenso catálogo, a plataforma busca fidelizar os clientes por um custo fixo mensal (*premium*) ou pelo acesso gratuito (*freemium*), que até disponibiliza o *stream* das músicas, mas com a transmissão de propagandas nos intervalos. No âmbito da música, atualmente, quem lidera esse mercado é o Spotify, que conta com o maior número de assinaturas, além de uma estratégia de *marketing* agressiva. Graças à difusão de seus *charts*, a plataforma detém a ampla maioria dos usuários que consomem música em todo o mundo.

Como já mencionamos, um fator crucial que alterou radicalmente o mercado digital foram as medidas de isolamento provocadas pela pandemia de covid-19, principalmente nas décadas de 2020 e 2021, considerando-se a busca por entretenimento e digitalização. Nesse contexto, no Brasil ocorreu a popularização de redes sociais com novos formatos, como o TikTok e o Kwai, o que de certa forma acabou influenciando diretamente certos nichos da produção musical global. Antes de 2020, poucas empresas de comunicação voltadas para a música tinham o TikTok no *hall* das estratégias de divulgação de um disco ou de uma ação. Foi somente nesse período que o TikTok explodiu no Brasil, e diversos artistas conquistaram um imenso alcance potencializado por essa e outras plataformas – por meio de vídeos em que os usuários dançam passos coreografados ou, mesmo, fazem esquetes de humor, intencionais ou não. Esse fenômeno é interessante para a música na medida em que exerce um papel quase central na plataforma. No entanto, a viralização de um vídeo não necessariamente se vincula ao sucesso de público para além de um *hit* aleatório.

Quanto a esse aspecto, a mediação dos algoritmos constantemente tem sido motivo de preocupação. A plataforma entende quais são os vídeos com os quais o público interage e assimila que sua trilha sonora faz parte de uma nova tendência. A partir da viralização de uma música em um vídeo, o arquivo do áudio fica à disposição dos usuários, que podem criar novos conteúdos em cima da mesma ideia. O TikTok, para além de uma rede social, é uma plataforma de entretenimento e, assim como o YouTube, tem usuários que produzem conteúdos e espectadores. O que se sabe é que muitos artistas independentes se tornaram *midstream* graças à popularização de *hits* que viralizaram no TikTok.

Artistas de projeção conquistaram alcance global e experimentaram a potencialização de seus *plays* pela simples difusão de vídeos virais com suas músicas. Mas a conta não é simples de se fazer: não tem exatamente a ver com a qualidade do trabalho artístico, e sim com a habilidade de estabelecer alguma combinação, que pode envolver uma ideia, um trecho da letra (que tenha um significado específico, por exemplo) ou, mesmo, um contraste entre as partes A e B da música. Essa necessidade de impacto das trilhas sonoras que o TikTok produz é capaz de influenciar remixagens, *speed ups* e inúmeras versões não autorizadas. Páginas de usuários que produzem esse tipo de conteúdo acabam atingindo um grande alcance de *likes* e seguidores, uma vez que as músicas originais não são de fácil acesso para a reprodução. Artistas têm se manifestado publicamente contra essas versões, o que tem gerado várias manifestações negativas (como viralizar uma música com vozes distorcidas, entre outros efeitos).

O monopólio das grandes empresas de tecnologia tem feito da internet uma comunidade com limitações e restrições que impactam severamente os artistas independentes. A mediação dos algoritmos, inteligência artificial utilizada por essas redes, é capaz de massificar as percepções e consolidar as desigualdades do meio musical. Em virtude do sistema adotado de recomendação de *playlists*, os artistas mais escutados pelos usuários acabam por substituir aqueles que, embora com uma proposta musical aproximada, não têm músicas disponíveis nas mesmas listas de reprodução.

6.4 Mecanismos de remuneração em plataformas de *streaming*

Voltando às estratégias de remuneração, devemos observar que, mesmo com o mercado digital em ascensão, é preocupante o valor repassado aos artistas que estão nas plataformas. O monopólio que estas configuram, oferecendo um catálogo extremamente extenso ao consumidor por um custo fixo ou até mesmo gratuito, leva os músicos a se tornarem reféns de um importante espaço de difusão, ainda que com uma remuneração extremamente baixa. No Spotify, por exemplo, os *plays* só geram receita a partir dos 30 segundos de execução; já as assinaturas pagas proporcionam, por faixa, remunerações maiores do que as da modalidade gratuita.

De acordo com a Associação Brasileira de Música e Artes (Abramus, 2023b), a estimativa atual é que a remuneração por direito de reprodução a cada transmissão no Spotify esteja em um valor próximo a US$ 0,0049, do qual cada artista recebe uma fatia muito pequena, tendo em vista que: 30% são direcionados para o Spotify; 58% vão direto para as gravadoras, visto que os produtores fonográficos são titulares de direitos conexos; 9% são das editoras, que repassam os valores autorais; e 3% são destinados ao Escritório Central de Arrecadação e Distribuição (Ecad) pela execução pública (totalizando 12%).

Dessa forma, podemos perceber que, até mesmo em uma empresa de grande alcance e alta arrecadação, as atuais formas de distribuição convergem para uma insustentabilidade do setor, em um cenário no qual, à medida que a tecnologia evolui, a desigualdade e a instabilidade também aumentam.

Para a difusão de sua música nas plataformas de *streaming*, faz-se necessária a contratação de uma empresa de distribuição, também conhecida como *agregadora*. As organizações dessa natureza fazem a intermediação entre o artista e tais plataformas. Para o recebimento dos direitos autorais, o recurso passa pelo Ecad e, depois, é destinado à associação da qual o artista participa. Geralmente, o pagamento dos recursos não é feito mensalmente.

Segundo um estudo promovido pela Associação Brasileira de Músicos Independentes (ABMI), os artistas independentes representam 53% nas paradas de sucesso do *streaming* (Gráfico 6.1).

Gráfico 6.1 – Artistas independentes nos canais de *streaming*

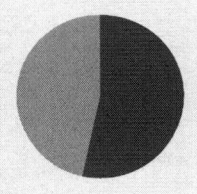

53,5% dos artistas que frequentaram o TOP 200 do Spotify são independentes	**15%** da receita das empresas pesquisadas vêm de fora do Brasil	**50%** das receitas vêm do ambiente digital	**89%** dos entrevistados estão otimistas em relação ao futuro

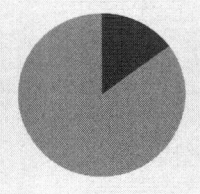

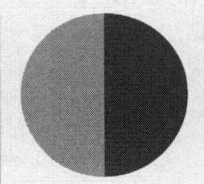

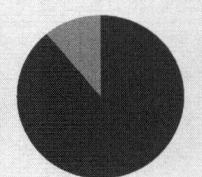

Fonte: Elaborado com base em ABMI, 2020.

O Amazon Prime Music já passou a plataforma Deezer em número de assinantes, ficando atrás somente do Spotify, que detém 61% dos assinantes. Os dados também indicam que as distribuidoras tiveram efeitos econômicos positivos em razão da pandemia. Sabemos que, no ambiente digital, embora haja certa sensação de democratização, em que pese o fato de a circulação de conteúdos acontecer em âmbito global, isso ocorre mais facilmente quando os artistas têm um trabalho consolidado e visibilidade no país onde residem. Nesse sentido, a batalha é complexa: Como conseguir estabilidade se, para obter maior alcance, o trabalho já precisa ter um grande alcance? Quanto a isso, no que tange aos impactos das *big techs*, o ecossistema musical vai se tornando cada vez menos sustentável, e a maior parte dos recursos segue nas mãos das *majors*.

> Ninguém condena uma empresa que tenta se fazer lucrativa (contribuímos com esse esforço quando fazemos campanhas para levar mais ouvintes a elas, para benefício de ambos). O problema é quando ela **ignora que suas práticas têm sido nocivas para um ecossistema já enfraquecido pelo lobby das grandes gravadoras**, que no rateio entre titulares acabam sendo responsáveis pela maior parte (58%) dos royalties gerados. (Ribas, 2020, grifo do original)

Hoje em dia, uma opção interessante para o cenário independente são as plataformas alternativas, tais como o Bandcamp. Da mesma forma que a Trama Virtual focava esse nicho, o Bandcamp também permite que os ouvintes apoiem diretamente os artistas. Segundo a plataforma, "A missão do Bandcamp é ajudar a espalhar o poder de cura da música construindo uma comunidade onde os artistas prosperam através do apoio direto de seus fãs e onde os fãs se reúnem para explorar o incrível universo musical que seu apoio direto ajuda a criar" (Bandcamp, 2023).

Só no ano passado, o público investiu US$ 198 milhões em 15 milhões de álbuns digitais, 7,3 milhões de faixas, 1,9 milhão de discos de vinil, 850 mil CDs, 450 mil cassetes e 300 camisetas por meio do Bandcamp. A plataforma funciona sob uma lógica parecida com a dos mecanismos de *crowdfunding*, porém os diferentes públicos ainda precisam se engajar mais para que o cenário digital se torne, de fato, sustentável.

6.5 *Download* de faixas e álbuns e compartilhamento por telefonia móvel

Apesar de pouco usual, é possível acessar conteúdos de modo *off-line* na maioria dos serviços de *streaming* atualmente disponíveis. Os mais acessados e detentores da maior fatia do mercado são, nesta ordem: Spotify, Apple Music, Amazon Music e YouTube Music. Ao assinar uma conta *premium* em uma dessas plataformas, é possível selecionar músicas específicas, *playlists* ou até mesmo álbuns inteiros para *download*. Tais faixas são armazenadas nos próprios aplicativos e é possível reproduzi-las a qualquer momento, mesmo sem ter acesso à internet.

As lojas de música *on-line* têm um formato parecido com o do *download* convencional (de tecnologia P2P) e permitem que o usuário compre faixas e álbuns digitalmente. Após a compra, pode-se fazer o *download* dos arquivos de áudio para o dispositivo móvel e ouvi-los mediante um aplicativo de reprodução de música, assim como transferi-los e enviá-los a outros dispositivos. Plataformas como iTunes, Amazon e Google Play costumam oferecer esses serviços, e os custos pagos aos artistas seguem a mesma lógica do *streaming* que abordamos anteriormente.

Tal tecnologia também permite o compartilhamento de arquivos de música entre dispositivos móveis por meio de *bluetooth*, *airdrop* (para dispositivos Apple) e aplicativos de compartilhamento de arquivos, como o SHAREit. São ferramentas que possibilitam o envio de músicas para outros dispositivos móveis próximos sem a necessidade de uma conexão com a internet.

Síntese

Neste capítulo, buscamos analisar os dados e o funcionamento dos serviços de *streaming* de música, os quais representam um modelo cada vez mais consolidado no mercado musical e, inevitavelmente, necessário para a difusão de trabalhos musicais. Para o recebimento de direitos autorais nas plataformas de *streaming*, faz-se necessária a contratação de uma empresa agregadora, que trabalha na atualização dos repertórios dos artistas nas plataformas e faz o repasse dos valores ao Ecad; este, por sua vez, transfere os recursos às associações de música, as quais, ao final, pagam o valor líquido aos artistas. Por fim, vimos que os diversos cenários da música não raro caminham juntos, mas a necessidade de serem criados modelos mais sustentáveis para todos os membros dessa cadeia, com uma distribuição de recursos mais justa, tem se mostrado cada vez mais urgente.

Indicações culturais

CANAL DO THIAGSON. Disponível em: <https://www.youtube.com/channel/UC6hd3aDOSJsHM9hs9AViOTw>. Acesso em: 13 ago. 2023.

O canal do músico, professor e pesquisador Thiagson é uma joia para quem ama música e cultura brasileira. O *youtuber* batalha pela valorização e visibilidade do *funk* como gênero musical em ambientes acadêmicos e, para isso, recorre a variados exemplos para ensinar uma incrível diversidade de aspectos musicais, abrangendo questões sociais, de gênero, de classe e de raça, assim como tópicos sobre análise musical.

1000 TRUTAS, 1000 Tretas. Direção: Ice Blue, Mano Brown e Roberto T. Oliveira. Brasil, 2006. 71 min.

Trata-se do documentário completo que faz parte do DVD dos Racionais Mc's, produzido por Mano Brown e com direção de Ice Blue, Mano Brown e Roberto T. Oliveira. A produção aborda a história da música negra em São Paulo.

FYRE Festival: fiasco no Caribe. Direção: Chris Smith. 2019. 97 min. Documentário.

Esse documentário mostra como os organizadores do Fyre, luxuoso festival de música direcionado para um público milionário que aconteceria nas Bahamas, não conseguiram entregar o que prometeram. Com um *line-up* dos sonhos, o festival ficou famoso pelo planejamento arriscado, que gerou graves consequências aos envolvidos.

VAI Anitta. Direção: Charlie Askew. Brasil, 2018. 1 temporada. Documentário.

Nesse documentário sobre a cantora brasileira Anitta, são mostrados os bastidores do projeto CheckMate, trabalho que alavancou a artista ao mercado internacional, com o lançamento de uma série de *singles* e videoclipes que contaram com participações importantes.

HOMECOMING: a film by Beyoncé. Direção: Beyoncé e Ed Burke. 2019. 1 temporada. Documentário.
Esse documentário revela o trabalho árduo por trás da apresentação legendária da cantora norte-americana Beyoncé no Coachella Valley Music and Arts Festival de 2018.

SUMMER of Soul (...ou, quando a revolução não pôde ser televisionada). Direção: Ahmir "Questlove" Thompson. EUA: Searchlight Pictures Hulu, 2021. 117 min.
Em 1969, no mesmo período em que ocorreu o Festival Woodstock, aconteceu um grande festival no Harlem, em Nova York, para celebrar a música negra norte-americana, o Harlem Cultural Festival. As imagens do documentário revelam a importância de um momento cultural que foi historicamente invisibilizado.

Atividades de autoavaliação

1. O formato MP3 revolucionou a transmissão de arquivos musicais. Considerando as consequências desse fenômeno, avalie as afirmações a seguir e indique V para as verdadeiras e F para as falsas.
   ( ) A tecnologia P2P permitiu que um grande número de usuários pudesse fazer o *download* de arquivos, como filmes e músicas.
   ( ) Com o MP3, a transmissão de arquivos passou a ser facilitada, e as plataformas de *download* começaram a ser alimentadas pelos usuários, com conteúdos gratuitos.

( ) Os *downloads* eram regulados e havia um sistema de pagamento de *royalties* aos artistas e às gravadoras.
( ) O Ecad fazia a intermediação com as plataformas de *download* de conteúdo.
( ) A não regulação dos *downloads* em MP3 prejudicou a indústria fonográfica como um todo.

Agora, assinale a alternativa que apresenta a sequência obtida:

a) F, F, V, F, V.
b) V, V, F, F, V.
c) V, V, V, V, F.
d) F, F, V, F, F.
e) F, V, F, V, F.

2. No Brasil, o mercado de *streaming* começou a se consolidar como uma importante plataforma de difusão de conteúdo a partir dos anos 2000. Sobre o funcionamento dessas plataformas, avalie as afirmações a seguir e indique V para as verdadeiras e F para as falsas.
( ) Por meio de um extenso catálogo, as plataformas de *streaming* buscam fidelizar os clientes a um custo fixo mensal.
( ) As plataformas de *streaming* também têm um formato de acesso gratuito, no qual ocorre a transmissão de propagandas nos intervalos entre as músicas.
( ) No âmbito da música, atualmente, a liderança das plataformas de *streaming* é do Spotify.
( ) A influência das plataformas de *streaming* tem sido tão pequena que as listas de música mais tocadas não representam o êxito dos artistas.

( ) A primeira plataforma de *streaming* a se consolidar no Brasil foi o YouTube, em 2007.

Agora, assinale a alternativa que apresenta a sequência obtida:

a) F, F, V, F, V.
b) V, V, F, F, V.
c) V, V, V, V, V.
d) F, F, V, F, F.
e) F, V, F, V, F.

3. Mesmo com o mercado digital em ascensão, o valor repassado aos artistas presentes nas plataformas de *streaming* é preocupante. Nesse contexto, avalie as afirmações a seguir e indique V para as verdadeiras e F para as falsas.

( ) O monopólio que as plataformas detêm ao oferecer um catálogo extremamente extenso ao consumidor por um custo fixo ou até mesmo gratuito faz com que os artistas sejam inclinados a compartilhar suas músicas nesses espaços, em virtude de sua difusão e visibilidade.

( ) O modelo de remuneração das plataformas de *streaming* proporciona pagamentos extremamente baixos aos artistas. Por exemplo, atualmente, estima-se que o valor de cada *stream* no Spotify seja US$ 0,0049. Desse valor, menos de 50% são repassados aos artistas.

( ) Na plataforma do Spotify, os *plays* geram receita independentemente do tempo de reprodução das faixas.

( ) As assinaturas pagas (*premium*) geram, por faixa, remunerações maiores do que as da modalidade gratuita (*freemium*).

( ) De acordo com a ABMI, a pandemia de covid-19 acarretou efeitos econômicos positivos ao mercado de *streaming*.

Agora, assinale a alternativa que apresenta a sequência obtida:

a) F, F, V, F, V.
b) V, V, F, V, F.
c) V, V, V, V, F.
d) F, F, V, F, F.
e) F, V, F, V, F.

4. A plataforma TikTok se mostra interessante para o setor da música, uma vez que as músicas exercem um papel quase central nessa rede social. A esse respeito, avalie as afirmações a seguir e indique V para as verdadeiras e F para as falsas.
( ) Estudos apontam que a viralização de um vídeo não necessariamente se vincula ao sucesso do público consumidor de ingressos.
( ) A plataforma TikTok identifica quais são os vídeos com que o público interage e quando determinada música faz parte de uma nova *trend*. Após a viralização de uma música em um vídeo, o arquivo do áudio fica à disposição dos usuários, que podem criar conteúdos a partir da mesma ideia.
( ) Diversos artistas independentes se tornaram *midstream* graças à popularização de *hits* que viralizaram no TikTok.
( ) Diferentemente do que ocorre no cenário independente, os artistas *mainstream* não tiveram alcance global e potencialização de seus *plays* pela ampla difusão de vídeos virais com suas músicas.

( ) A necessidade de impacto das trilhas sonoras produzidas no TikTok acaba por influenciar remixagens, *speed ups* e diversas versões não autorizadas.

Agora, assinale a alternativa que apresenta a sequência obtida:

a) F, F, V, F, V.
b) V, V, F, F, V.
c) V, V, V, F, V.
d) F, F, V, F, F.
e) F, V, F, V, F.

5. No âmbito regional, mesmo que timidamente, as leis de incentivo estaduais e municipais mantêm parte significativa da produção cultural de suas regiões. No entanto, esse formato ainda é criticado, por ser pouco acessível. A esse respeito, avalie as afirmações a seguir e indique V para as verdadeiras e F para as falsas.

( ) As críticas, em geral, justificam-se pela quantidade de etapas processuais, documentos e formalidades, além da ampla concorrência e dos baixos orçamentos.
( ) As críticas, em geral, justificam-se pelo fato de o processo de inscrição ser realizado em plataformas *on-line*.
( ) Os editais de cultura seguem ritos processuais complexos da administração pública.
( ) O prazo para inscrição previsto nessas leis é insuficiente.
( ) As críticas, em geral, justificam-se pela limitação de recursos.

Agora, assinale a alternativa que apresenta a sequência obtida:

a) F, F, V, F, V.
b) V, F, V, F, V.
c) V, V, V, V, F.
d) F, F, V, F, F.
e) F, V, F, V, F.

Atividades de aprendizagem

Questões para reflexão

1. Você já conheceu algum artista ou música mediante algum serviço de *streaming* ou *playlists* recomendadas?

2. Como será o *streaming* no futuro? Em sua opinião, como consumiremos música daqui a dez anos?

Atividade aplicada: prática

1. Elabore um questionário estruturado para realizar uma entrevista com:

    - um artista que começou sua carreira nos anos 1990;
    - um artista que participa de plataformas alternativas de *streaming*, como o Bandcamp;
    - um artista que continuou realizando seu trabalho musical durante a pandemia da covid-19.

    O que você perguntaria a esses entrevistados? Elabore um relatório com suas percepções.

CONSIDERAÇÕES FINAIS

O universo da produção musical abrange um conjunto heterogêneo de possibilidades e interlocuções com outras áreas – artísticas, tecnológicas, da comunicação, da educação, das políticas culturais, do direito etc. – e, portanto, demanda que os profissionais vinculados a esse importante setor tenham contato com alguns dos temas apresentados nesta obra.

Também é fundamental ponderar que os assuntos, debates e contextos abordados aqui representam indicações de caminhos que essa grande área pode proporcionar quando se deseja atuar na área de produção musical extrapolando o fazer artístico em si ou compreendendo-o nos termos que atualmente se colocam como cenários a desbravar.

Longe do intuito de esgotar os debates acerca dos temas discutidos neste livro, procuramos apresentar reflexões iniciais acerca de abordagens e olhares dedicados a tratar de questões transversais ao meio musical. Assim, recomendamos o aprofundamento do estudo mediante a consulta às referências bibliográficas e às indicações de leitura e pesquisa.

Outro ponto de atenção, salientado em alguns momentos na obra, refere-se ao fato de que existem dinâmicas – por vezes rápidas – de transformação que envolvem várias das temáticas de nosso interesse. São alterações tecnológicas, legais e de políticas referentes ao setor que podem repercutir em mudanças maiores ou menores. Nessa ótica, é essencial levar em conta que, ao versar sobre temas da atualidade, este material – que igualmente contém abordagens de caráter histórico, abrangendo, portanto, fatos passados e consolidados, sujeitos apenas a variações interpretativas – faz tão somente uma fotografia de momento.

De todo modo, a despeito de conjunturas e circunstâncias, as estruturas gerais que apresentamos seguirão pertinentes e, certamente, apontam para conhecimentos relevantes, especialmente para estudantes e profissionais da área da música.

LISTA DE SIGLAS

ABMI – Associação Brasileira de Músicos Independentes
Abramus – Associação Brasileira de Música e Artes
Amar – Associação de Músicos Arranjadores e Regentes
Assim – Associação de Intérpretes e Músicos
CD – *Compact disc*
CNAE – Classificação Nacional de Atividades Econômicas
CNDA – Conselho Nacional de Direito Autoral
CNRC – Centro Nacional de Referência Cultural
Concine – Conselho Nacional de Cinema
CPI – Comissão Parlamentar de Inquérito
DJ – *Disc jockey*
Ecad – Escritório Central de Arrecadação e Distribuição
Embrafilme – Empresa Brasileira de Filmes S.A.
Ficart – Fundos de Investimento Cultural e Artístico
FMPB – Festival da Música Popular Brasileira
FNC – Fundo Nacional da Cultura
FSA – Fundo Setorial do Audiovisual
Funarte – Fundação Nacional de Artes
ICM – Imposto sobre Circulação de Mercadorias
ICMS – Imposto sobre Circulação de Mercadorias e Serviços
IFPI – Federação Internacional da Indústria Fonográfica
IMS – Instituto Moreira Salles
Ince – Instituto Nacional de Cinema Educativo

INL – Instituto Nacional do Livro
IPTU – Imposto sobre a Propriedade Predial e Territorial Urbana
ISRC – *International Standard Recording Code*
ISS – Imposto sobre Serviços de Qualquer Natureza
LDB – Lei de Diretrizes e Bases da Educação Nacional
LP – *Long play*
MEC – Ministério da Educação e Cultura
MEI – Microempreendedor Individual
MinC – Ministério da Cultura
MP3 – MPEG-1/2 Audio Layer 3
MPB – Música Popular Brasileira
MPEG – Moving Picture Experts Group
OMB – Ordem dos Músicos do Brasil
P2P – *Peer-to-peer*
PNC – Plano Nacional de Cultura
Pronac – Programa Nacional de Apoio à Cultura
Radiobrás – Empresa Brasileira de Radiodifusão
RIAA – Associação Americana da Indústria de Gravação
Sbacem – Sociedade Brasileira de Autores e Compositores
SEC – Secretaria Especial de Cultura
Sicam – Sociedade Independente de Compositores e Autores Musicais
SNC – Sistema Nacional de Cultura
Socinpro – Sociedade Brasileira de Administração e Proteção de Direitos Intelectuais
Sphan – Serviço do Patrimônio Histórico e Artístico e Nacional
SR – Sistema de recomendação
UBC – União Brasileira de Compositores
UDA – Unidade de Direito Autoral
UFRJ – Universidade Federal do Rio de Janeiro

REFERÊNCIAS

ABMI – Associação Brasileira da Música Independente. **Artistas independentes são 53% nas paradas de sucesso do streaming, revela pesquisa da ABMI.** 18 out. 2020. Disponível em: <https://abmi.com.br/ artistas-independentes-sao-53-nas-paradas-de-sucesso-do- streaming-revela-pesquisa-da-abmi/>. Acesso em: 8 dez. 2023.

ABRAMUS – Associação Brasileira de Música e Artes. **ISRC**: o que é e como obter. Disponível em: <https://www.abramus.org.br/musica/isrc>. Acesso em: 8 dez. 2023a.

ABRAMUS – Associação Brasileira de Música e Artes. **Streaming de música**: como faço para ter minhas músicas nas plataformas e como funcionam os direitos autorais? Disponível em: <https://www.abramus.org.br/ noticias/ 14895/streaming-de-musica-como-faco- para-ter-minhas-musicas-nas-plataformas-e- como-funcionam-os-direitos-autorais/>. Acesso em: 8 dez. 2023b.

ADORNO, T. O fetichismo na música e a regressão da audição. In: ADORNO, T. W.; HORKHEIMER, M. **Textos escolhidos**. São Paulo: Nova Cultural, 1991. p. 173-199.

AGÊNCIA IBGE NOTÍCIAS. **De 2010 a 2022, população brasileira cresce 6,5% e chega a 203,1 milhões**. 10 ago. 2023. Disponível em: <https://agenciadenoticias.ibge.gov.br/ agencia-noticias/2012-agencia-de-noticias/ noticias/37237-de-2010-a-2022-populacao-brasileira-cresce-6-5-e-chega-a-203-1-milhoes>. Acesso em: 8 dez. 2023.

BACKSTAGE. **Ainda vale a pena ter equipamento analógico?** 24 mar. 2022. Disponível em: <https://www.revistabackstage.com.br/ reportagens/materias-completas/ ainda-vale-a-pena-ter-equipamento-analogico->. Acesso em: 8 dez. 2023.

BAHIA. **Capítulo da Constituição do Estado da Bahia (1947)**. 1947. Disponível em: <http://www.bvanisioteixeira.ufba.br/livro6/capconstbahia.html>. Acesso em: 8 dez. 2023.

BANDCAMP. **Sobre nós**. Disponível em: <https://bandcamp.com/about>. Acesso em: 8 dez. 2023.

BARBALHO, A. A. Política cultural em tempo de crise: o Ministério da Cultura no Governo Temer. **Revista de Políticas Públicas**, v. 22, n. 1, p. 239-259, 2018. Disponível em: <https://periodicoseletronicos.ufma.br/ index.php/ rppublica/ article/view/9230/5497>. Acesso em: 8 dez. 2023.

BARBOSA DA SILVA, F. A.; ZIVIANI, P. (Org.). **Políticas públicas, economia criativa e da cultura**. Brasília: Ipea, 2020. Disponível em: <https://repositorio.ipea.gov.br/handle/11058/10241>. Acesso em: 8 dez. 2023.

BARCINSKI, A. "Disco é Cultura" foi a Lei Rouanet da MPB. **UOL**, 27 abr. 2018. Disponível em: <https://blogdobarcinski.blogosfera.uol.com.br/ 2018/04/27/disco-e-cultura-foi-a-lei-rouanet-da-mpb/>. Acesso em: 8 dez. 2023.

BARRETO, A. Hermeto Pascoal libera para gravação todas suas músicas gravadas. **Produtor Independente**, 6 set. 2009. Disponível em: <http://produtorindependente.blogspot.com/2009/09/hermeto-pascoal-libera-para-gravacao.html>. Acesso em: 8 dez. 2023.

BARROS, J. M.; BARBALHO, A.; CALABRE, L. (Org.). **Federalismo e políticas culturais no Brasil**. Salvador: Edufba, 2013.

BECKER, K. **Fair use e sua aplicação na legislação brasileira**. 18 mar. 2022. Disponível em: <https://keifferbecker.jusbrasil.com.br/artigos/1184110496/fair-use-e-sua-aplicacao-na-legislacao-brasileira>. Acesso em: 8 dez. 2023.

BENJAMIN, W. A obra de arte na época de sua reprodutibilidade técnica. In: ADORNO, T. W. et al. **Teoria da cultura de massa**. São Paulo: Paz e Terra, 2000. p. 221-254.

BRASIL. Constituição (1988). Emenda Constitucional n. 71, de 29 de novembro de 2012. **Diário Oficial da União**, Poder Legislativo, Brasília, DF, 30 nov. 2012. Disponível em: <https://www.planalto.gov.br/ccivil_03/constituicao/Emendas/Emc/emc71.htm>. Acesso em: 8 dez. 2023.

BRASIL. Decreto n. 11.453, de 23 de março de 2023. **Diário Oficial da União**, Poder Executivo, Brasília, DF, 24 mar. 2023a. Disponível em: <https://www.planalto.gov.br/ccivil_03/_ato2023-2026/2023/decreto/D11453.htm>. Acesso em: 8 dez. 2023.

BRASIL. Lei n. 378, de 13 de janeiro de 1937. **Diário Oficial da União**, Poder Legislativo, Rio de Janeiro, 15 jan. 1937. Disponível em: <https://www.planalto.gov.br/ccivil_03/leis/1930-1949/l0378.htm>. Acesso em: 8 dez. 2023.

BRASIL. Lei n. 3.857, de 22 de dezembro de 1960. **Diário Oficial da União**, Poder Executivo, Brasília, DF, 23 dez. 1960. Disponível em: <https://www.planalto.gov.br/ ccivil_03/leis/l3857.htm>. Acesso em: 8 dez. 2023.

BRASIL. Lei n. 5.988, de 14 de dezembro de 1973. **Diário Oficial da União**, Poder Legislativo, Brasília, DF, 18 dez. 1973. Disponível em: <https://www.planalto.gov.br/ ccivil_03/leis/l5988.htm>. Acesso em: 8 dez. 2023.

BRASIL. Lei n. 8.313, de 23 de dezembro de 1991. **Diário Oficial da União**, Poder Executivo, Brasília, DF, 24 dez. 1991. Disponível em: <http://www.planalto.gov.br/ ccivil_03/leis/L8313cons.htm>. Acesso em: 8 dez. 2023.

BRASIL. Lei n. 9.394, de 20 de dezembro de 1996. **Diário Oficial da União**, Poder Legislativo, Brasília, DF, 23 dez. 1996. Disponível em: <http://www.planalto.gov.br/ ccivil_03/leis/ L9394.htm>. Acesso em: 8 dez. 2023.

BRASIL. Lei n. 9.610, de 19 de fevereiro de 1998. **Diário Oficial da União**, Poder Legislativo, Brasília, DF, 20 fev. 1998. Disponível em: <http://www.planalto.gov.br/ ccivil_03/leis/l9610.htm>. Acesso em: 8 dez. 2023.

BRASIL. Lei n. 11.769, de 18 de agosto de 2008. **Diário Oficial da União**, Poder Legislativo, Brasília, DF, 19 ago. 2008. Disponível em: <https://www.planalto.gov.br/ ccivil_03/_ato2007-2010/2008/lei/l11769.htm>. Acesso em: 8 dez. 2023.

BRASIL. Lei n. 12.343, de 2 de dezembro de 2010. **Diário Oficial da União**, Poder Legislativo, Brasília, DF, 3 dez. 2010. Disponível em: <https://www.planalto.gov.br/ ccivil_03/_ato2007-2010/2010/ lei/l12343.htm>. Acesso em: 8 dez. 2023.

BRASIL. Lei n. 12.853, de 14 de agosto de 2013. **Diário Oficial da União**, Poder Executivo, Brasília, DF, 15 ago. 2013. Disponível em: <https://www.planalto.gov.br/ ccivil_03/_ato2011-2014/2013/lei/l12853.htm>. Acesso em: 8 dez. 2023.

BRASIL. Lei n. 14.017, de 29 de junho de 2020. **Diário Oficial da União**, Poder Legislativo, Brasília, DF, 29 jun. 2020. Disponível em: <https://www.in.gov.br/ en/web/dou/-/ lei-n-14.017-de-29-de-junho-de- 2020-264166628>. Acesso em: 8 dez. 2023.

BRASIL. Ministério da Cultura. IBRAM – Instituto Brasileiro de Museus. **Comissão do Fundo Nacional de Cultura**. 31 mar. 2022. Disponível em: <https://www.gov.br/museus/pt-br/acesso-a-informacao/participacao-social/conselhos-e-orgaos-colegiados/ comissao-do-fundo-nacional-de-cultura>. Acesso em: 8 dez. 2023.

BRASIL. Ministério da Cultura. Plano Nacional de Cultura. **Meta 18**: Aumento em 100% no total de pessoas qualificadas anualmente em cursos, oficinas, fóruns e seminários com conteúdo de gestão cultural, linguagens artísticas, patrimônio cultural e demais áreas da cultura. Disponível em: <http://pnc.cultura.gov.br/ category/metas/18/>. Acesso em: 8 dez. 2023b.

BRASIL. Ministério da Cultura. Sistema Nacional de Cultura. **55% dos municípios brasileiros possuem adesão ao SNC**. Disponível em: <http://portalsnc.cultura.gov.br/55-dos-municipios-brasileiros-possuem-adesao-ao-snc/>. Acesso em: 8 dez. 2023c.

BRÊDA, L. Sertanejo é o estilo musical mais ouvido entre os jovens brasileiros, mostra Datafolha. **Folha de S.Paulo**, 30 out. 2022. Disponível em: <https://www1.folha.uol.com.br/ ilustrada/2022/10/sertanejo-e-o-estilo-musical-mais-ouvido- entre- os-jovens-brasileiros-mostra-datafolha.shtml>. Acesso em: 8 dez. 2023.

CALABRE, L. A arte e a cultura em tempos de pandemia. **Extraprensa**, v. 13, n. 2, p. 7-21, 2020. Disponível em: <https://www.revistas.usp.br/ extraprensa/article/view/170903/162152>. Acesso em: 8 dez. 2023.

CARDOSO, R. Cultura anuncia adesão de 98% dos municípios à Lei Paulo Gustavo. **Agência Brasil**, 12 jul. 2023. Disponível em: <https://agenciabrasil.ebc.com.br/ geral/noticia/2023-07/cultura-anuncia-adesao- de-98-dos-municipios-lei-paulo-gustavo>. Acesso em: 8 dez. 2023.

CARVALHO, C. de O. **Narratividade e videoclipe**: interação entre música e imagem nas três versões audiovisuais da canção "One", do U2. 175 f. Dissertação (Mestrado em Comunicação) – Universidade Federal da Bahia, Salvador, 2006. Disponível em: <https://repositorio.ufba.br/ bitstream/ri/ 1161/1/Claudiane%20de%20Oliveira%20 Carvalho.pdf>. Acesso em: 8 dez. 2023.

COSTA, G. do N. **O boom do TikTok**: cultura pop e entretenimento musical em 60 segundos. 92 f. Trabalho de Conclusão de Curso (Graduação em Comunicação) – Universidade Federal do Rio de Janeiro, Rio de Janeiro, 2021. Disponível em: <https://pantheon.ufrj.br/ bitstream/11422/15299/1/GCosta.pdf>. Acesso em: 8 dez. 2023.

DAMASCENO, A. **Palco, salão e picadeiro em Porto Alegre no século XIX**. Porto Alegre: Globo, 1956.

DW. **Vendas de vinil ultrapassam as de CDs nos EUA em 2022**. 17 mar. 2023. Disponível em: <https://www.dw.com/pt-br/vendas-de-vinil-ultrapassam-as-de-cds-nos-eua-em-2022/a-64999883>. Acesso em: 8 dez. 2023.

ECAD – Escritório Central de Arrecadação e Distribuição. **Estatuto social**. Rio de Janeiro, 5 maio 2021. Disponível em: <https://media4.ecad.org.br/ wp-content/uploads/ 2022/03/EstatutoEcad.pdf>. Acesso em: 8 dez. 2023.

ECAD – Escritório Central de Arrecadação e Distribuição. **Distribuição**. Disponível em: <https://www4.ecad.org.br/distribuicao/>. Acesso em: 8 dez. 2023.

ENAP – Escola Nacional de Administração Pública. **Apostila do curso Linguagem Simples no Setor Público**. Prefeitura de São Paulo, 2020. Disponível em: <https://repositorio.enap.gov.br/bitstream/ 1/6181/1/Apostila%20do% 20curso% 20Linguagem%20 Simples%20no%20Setor% 20Pu%CC%81blico.pdf>. Acesso em: 8 dez. 2023.

FERRARELI, C. M. et al. Plataformas de streaming e o seu sistema de recomendação "personalizado": um caso sobre o Spotify. In: CONGRESSO IBERO-AMERICANO INTERDISCIPLINAR DE ECONOMIA CRIATIVA, 2020, Rio de Janeiro.

FREITAS, C. F. S. **O home studio e o novo mercado musical**. 38 f. Monografia (Especialização em Sociologia da Educação e da Cultura) – Faculdade Unyleya, Aracaju, 2017. Disponível em: <https://www.academia.edu/ 34108327/ O_home_studio_ e_o_novo_mercado_musical>. Acesso em: 8 dez. 2023.

FRIEDLANDER, J. P. **Year-End 2020**: RIAA Revenue Statistics. 2021. Disponível em: <https://www.riaa.com/ wp-content/ uploads/2021/02/2020-Year-End- Music-Industry-Revenue-Report.pdf>. Acesso em: 8 dez. 2023.

GAMBARO, D.; VICENTE, E.; RAMOS, T. S. A divulgação musical no rádio brasileiro: da "caitituagem" aos desafios da concorrência digital. **Contracampo**, ed. 37, n. 2, p. 132-151, 2018. Disponível em: <https://periodicos.uff.br/ contracampo/ article/view/ 17631/pdf>. Acesso em: 8 dez. 2023.

GHEZZI, D. R. Mercado musical, SIM São Paulo e entretenimento: questões emergentes a partir de uma Music Convention. In: BARBOSA DA SILVA, F. A.; ZIVIANI, P. (Org.). **Políticas públicas, economia criativa e da cultura**. Brasília: Ipea, 2020. p. 93-174. Disponível em: <https://repositorio.ipea.gov.br/ bitstream/11058/ 10259/ 1/Mercado%20MusicalSIMS%c3%a3o%20Paulo_cap03.pdf>. Acesso em: 8 dez. 2023.

GONÇALVES, C. K. **Música em 78 rotações**: "discos a todos os preços" na São Paulo dos anos 30. 241 f. Dissertação (Mestrado em História Social) – Universidade de São Paulo, São Paulo, 2006. Disponível em: <https://www.teses.usp.br/ teses/ disponiveis/8/8138/ tde-05072007-111701/publico/ TESE_CAMILA_KOSHIBA_ GONCALVES.pdf>. Acesso em: 8 dez. 2023.

GREZELI, E.; WOLFFENBÜTTEL, C. R. Legislação do ensino de Música no Brasil: um mapeamento histórico. **Brazilian Journal of Development**, v. 7, n. 4, p. 35349-35365, abr. 2021. Disponível em: <https://ojs.brazilianjournals.com.br/ ojs/ index.php/ BRJD/ article/view/27762/21967>. Acesso em: 8 dez. 2023.

GUÉRIOS, P. **Heitor Villa-Lobos**: o caminho sinuoso da predestinação. Curitiba: Trilhas, 2009.

HOBSBAWM, E. J. **Era dos extremos**: o breve século XX – 1914-1991. Tradução de Marcos Santarrita. 2. ed. São Paulo: Companhia das Letras, 2009.

HOBSBAWM, E. J. **História social do jazz**. Rio de Janeiro: Paz e Terra, 1990.

IFPI – International Federation of the Phonographic Industry. **Engaging with Music**. 2022. Disponível em: <https://www.ifpi.org/wp-content/uploads/ 2022/11/ Engaging-with-Music-2022_full-report.pdf>. Acesso em: 8 dez. 2023.

JANOTTI JUNIOR, J. "Partilhas do comum": cenas musicais e identidades culturais. In: CONGRESSO BRASILEIRO DE CIÊNCIAS DA COMUNICAÇÃO, 35., 2012, Fortaleza. Disponível em: <http://www.intercom.org.br/ papers/nacionais/2012/ resumos/r7-1388-1.pdf>. Acesso em: 8 dez. 2023.

KLAMT, V. **O intelectual Mário de Andrade e suas políticas culturais**. 190 f. Dissertação (Mestrado em Literatura) – Universidade Federal de Santa Catarina, Florianópolis, 2003. Disponível em: <https://repositorio.ufsc.br/ bitstream/handle/ 123456789/85069/220746.pdf? sequence=1&isAllowed=y>. Acesso em: 8 dez. 2023.

MARINHO, R. Em meio à era digital, gravação analógica atrai artistas no interior do Rio. **G1**, 23 jun. 2019. Disponível em: <https://g1.globo.com/rj/regiao-dos-lagos/ noticia/2019/ 06/23/ em-meio-a-era-digital-gravacao-analogica-atrai-artistas-no-interior-do-rio.ghtml>. Acesso em: 8 dez. 2023.

MARTEL, F. **Smart**: o que você não sabe sobre a internet. Rio de Janeiro: Civilização Brasileira, 2015.

MEI FÁCIL. **CNAE produção musical**: por que ser MEI e como fazer dinheiro? 15 jun. 2021. Disponível em: <https://blog.meifacil.com/quero-ser-mei/ cnae-producao-musical/>. Acesso em: 8 dez. 2023.

MICELI, S. Teoria e prática da política cultural no Brasil. **Revista de Administração de Empresas**, v. 24, n. 1, p. 27-31, 1984. Disponível em: <https:// www.scielo.br/j/ rae/a/LS55XsFfV6n5HzJVxqTptxD/?format=pdf&lang=pt>. Acesso em: 8 dez. 2023.

MOTA, C. B. O uso de softwares na educação musical. **Revista Educação em Foco**, ed. 11, p. 23-32, 2019. Disponível em: <https://portal.unisepe.com.br/unifia/ wp-content/ uploads/ sites/ 10001/2019/05/002_O-USO-DE-SOFTWARES-NA-EDUCA% C3% 87%C3%83O- MUSICAL.pdf>. Acesso em: 8 dez. 2023.

NAPOLITANO, M.; WASSERMAN, M. C. Desde que o samba é samba: a questão das origens no debate historiográfico sobre a música popular brasileira. **Revista Brasileira de História**, v. 20, n. 39, p. 167-189, 2000. Disponível em: <https://www.scielo.br/j/ rbh/a/RRXgk55Z6kfF9Xrg8bgfvsP/?format=pdf&lang=pt>. Acesso em: 8 dez. 2023.

OMB – Ordem dos Músicos do Brasil. Disponível em: <https://www.ombcf.org.br/>. Acesso em: 8 dez. 2023.

ORTEGA, R. Sucesso fake: músicos fraudam números de streaming usando robôs e 'jabá 2.0'. **G1**, 26 out. 2017. Disponível em: <https://g1.globo.com/ musica/noticia/ sucesso-fake-musicos-fraudam-numeros-de-streaming-usando-robos-e-jaba- 20.ghtml>. Acesso em: 8 dez. 2023.

PAIVA, J. E. R. Apropriação tecnológica, inclusão digital e a utilização do formato mp3 na produção musical brasileira hoje. In: ENCONTRO DE MÚSICA E MÍDIA – E(ST)ÉTICAS DO SOM, 5., 2007.

PALUDO, T. R. **Reconfigurações musicais**: os novos caminhos da música na era da comunicação digital. 309 f. Dissertação (Mestrado em Comunicação Social) – Pontifícia Universidade Católica do Rio Grande do Sul, Porto Alegre, 2010. Disponível em: <https://tede2.pucrs.br/tede2/handle/tede/4406#preview-link0>. Acesso em: 8 dez. 2023.

PETERSON, R. A.; BERGER, D. G. Cycles in Symbol Production: the Case of Popular Music. **American Sociological Review**, v. 40, p. 158-173, 1975.

PINTO, W. de A. Evolução da acessibilidade aos meios de gravação e produção musical. **Sonora**, v. 4, n. 7, p. 1-4, 2012. Disponível em: <https:// www.iar.unicamp.br/ wp-content/uploads/2021/07/ V04_ED07_ A01_ EvolucaoAcessib.pdf>. Acesso em: 8 dez. 2023.

RANER, V. **Miss Suéter**: banda formada a distância durante a quarentena grava e lança EP mesmo sem dois integrantes se conhecerem. **Hypeness**, 28 jan. 2021. Disponível em: <https://www.hypeness.com.br/2020/12/miss-sueter-banda-formada-a-distancia-durante-a-quarentena-grava-e-lanca-ep-mesmo-sem-dois-integrantes-se-conhecerem/>. Acesso em: 8 dez. 2023.

RIBAS, D. **Opinião**: o Spotify está criando "bolhas" e não estamos vendo. 15 dez. 2020. Disponível em: <https://sonarcultural.com.br/opiniao-o-spotify-esta-criando-bolhas-e-nao-estamos-vendo>. Acesso em: 8 dez. 2023.

RUBIM, A. A. C. (Org.). **Políticas culturais no Brasil**. Salvador: Edufba, 2007.

SANTINI, R. M.; SALLES, D. O impacto dos algoritmos no consumo de música: uma revisão sistemática de literatura. **Signos do Consumo**, v. 12, n. 1, p. 83-93, 2020. Disponível em: <https://www.revistas.usp.br/signosdoconsumo/article/view/166042/159687>. Acesso em: 8 dez. 2023.

SAX, D. **A vingança dos analógicos**: por que os objetos de verdade ainda são importantes. Rio de Janeiro: Anfiteatro, 2017.

SBACEM – Sociedade Brasileira de Autores e Compositores. **Mesmo com a pandemia, mercado fonográfico cresceu 7,4% em 2020, de acordo com relatório da IFPI**. 2 maio 2021. Disponível em: <https://sbacem.org.br/mesmo-com-a-pandemia-mercado-fonografico-cresceu-74-em-2020-de-acordo-com-relatorio-da-ifpi>. Acesso em: 8 dez. 2023.

SENA, E. A. **Um turbilhão sublime**: Mário de Andrade e o Departamento de Cultura de São Paulo. São Paulo: Cátedra Olavo Setubal de Arte, Cultura e Ciência/IEA-USP, 2019.

SEVCENKO, N. **Orfeu extático na metrópole**: São Paulo, sociedade e cultura nos frementes anos 20. São Paulo: Companhia das Letras, 1992.

SIM SP. **Data Sim**. Disponível em: <https://www.simsaopaulo.com/data-sim-page/>. Acesso em: 8 dez. 2023.

SUMAN, K. **O jabá no rádio FM**: Atlântida, Jovem Pan e Pop Rock. 161 f. Dissertação (Mestrado em Ciências da Comunicação) – Universidade do Vale do Rio dos Sinos, São Leopoldo, 2006. Disponível em: <http://repositorio.jesuita.org.br/bitstream/ handle/UNISINOS/2613/jaba%20no%20radio.pdf?sequence=1&isAllowed=y>. Acesso em: 8 dez. 2023

SÜSSEKIND, F. **Cinematógrafo de letras**: literatura, técnica e modernização no Brasil. São Paulo: Companhia das Letras, 1987.

TINHORÃO, J. R. **Música popular**: do gramofone ao rádio e TV. São Paulo: Ática, 1981.

TOLEDO, H. M. dos S. **Som Livre**: trilhas sonoras das telenovelas e o processo de difusão da música. Araraquara: Ed. da Unesp, 2010.

TORRES, V. O que é MEI, como funciona e tudo o que você precisa saber. **Contabilizei.blog**, 7 jun. 2023. Disponível em: <https://www.contabilizei.com.br/ contabilidade-online/mei>. Acesso em: 8 dez. 2023.

UBC – União Brasileira de Compositores. Guia do associado. **Sobre a arrecadação**. Disponível em: <https://www.ubc.org.br/guiadoassociado/arrecadacao>. Acesso em: 8 dez. 2023a.

UBC – União Brasileira de Compositores. **Sobre a distribuição**. Disponível em: <https://www.ubc.org.br/guiadoassociado/distribuicao>. Acesso em: 8 dez. 2023b.

UNIVERSO DO VINIL. **O perfil do fã e colecionador de discos de vinil**: pesquisa 2018. 25 nov. 2018. Disponível em: <https://universodovinil.com.br/2018/11/25/o-perfil-do-fa-e-coleciona dor-de-discos-de-vinil-pesquisa-2018/>. Acesso em: 8 dez. 2023.

VALOR CULTURAL. **Música ao vivo**: setor vê prejuízo de 3 bilhões e impacta 1 milhão de profissionais. 20 abr. 2020. Disponível em: <https://valorcultural.com.br/ musica-ao-vivo-setor-ve-prejuizo-de-3-bilhoes-e-impacta-1-milhao-de-profissionais/>. Acesso em: 8 dez. 2023.

VASCONCELOS, A. **Panorama da música popular brasileira na Belle Époque**. Rio de Janeiro: Sant'Anna, 1977.

VENÂNCIO, T. A. **Governo JK (1956-1961)**: o papel da esfera artística para a promoção internacional do Brasil. Uberlândia: UFU, 2018.

VICENTE, E. A vez dos independentes(?): um olhar sobre a produção musical independente do país. **E-Compós**, v. 7, p. 1-19, 2006. Disponível em: <https://www.e-compos.org.br/e-compos/article/view/100/99>. Acesso em: 8 dez. 2023.

VICENTE, E.; DE MARCHI, L.; GAMBARO, D. O rádio musical no Brasil: elementos para um debate. In: ZUCULOTO, V.; LOPEZ, D.; KISCHINHEVSKY, M. (Org.). **Estudos radiofônicos no Brasil**: 25 Anos do Grupo de Pesquisa Rádio e Mídia Sonora da Intercom. São Paulo: Intercom, 2016. (Coleção GP'S: Grupos de Pesquisa, v. 22). p. 457-476. Disponível em: <https://www.eca.usp.br/acervo/producao-academica/002790857.pdf>. Acesso em: 8 dez. 2023.

YOO, N. Vinyl Record Sales Increased Almost 30% in 2020, RIAA Says. **Pitchfork**, 26 fev. 2021. Disponível em: <https://pitchfork.com/news/vinyl-record-sales-increased-almost-30-in-2020-riaa-says/>. Acesso em: 8 dez. 2023.

BIBLIOGRAFIA COMENTADA

TINHORÃO, J. R. **Música popular**: do gramofone ao rádio e TV. São Paulo: Ática, 1981.

A despeito das críticas de parte do universo acadêmico a alguns de seus posicionamentos quanto à história da música brasileira, José Ramos Tinhorão foi um eminente pesquisador. Dos arquivos públicos à sua coleção privada de documentos e discos, esta obra traz parte de suas pesquisas e reflexões sobre a história da difusão da música brasileira, entre fins do século XIX e os anos 1960. O autor relata os primórdios das gravações no país, bem como apresenta a ascensão das gravadoras, do rádio e da televisão como veículos de difusão musical. Ainda, o livro conta com um apêndice ilustrado, intitulado "A conquista do som", com diversas imagens históricas, entre documentos, fotografias, cartazes etc.

HOBSBAWM, E. J. **História social do jazz**. Rio de Janeiro: Paz e Terra, 1990.

O importante historiador inglês Eric Hobsbawm conduz uma análise cuidadosa sobre as relações entre música e sociedade partindo do *jazz*. Invariavelmente de origem negra, o autor aborda como esse importante gênero musical foi transformado pelos padrões da elite branca e tornou-se um fenômeno comercial que tomou boa parte do mundo a partir da indústria fonográfica, especialmente da década de 1940 em diante. O *jazz* é, nesse sentido, "não apenas como uma forma de fazer música, mas uma forma de fazer lucro" (Hobsbawm, 1990, p. 175). Além disso, o historiador avalia – assim como, de certa maneira, podemos perceber no Brasil com o samba – que, de uma manifestação de origem pobre e negra, o *jazz* foi cooptado por músicos brancos e de classes sociais mais abastadas, sem, no entanto, deixar de catapultar massas de ouvintes por meio dos discos e das rádios, mantendo-se por décadas como trilha sonora dançante nos salões.

PORTELA, R. G. G. C. **História da gravação sonora em Portugal**. 114 f. Dissertação (Mestrado em Som e Imagem) – Universidade Católica Portuguesa, Lisboa, 2016. Disponível em: <https://catalogo.bibliotecas.ucp.pt/media/745117361f4b71f5c69d765235ef7dcb.PDF>. Acesso em: 8 dez. 2023.

A dissertação de Ricardo Gil Góis Correia Portela apresenta um estudo detalhado da indústria fonográfica em Portugal, desde a sua origem até a atualidade. O autor examina os principais acontecimentos históricos e tecnológicos relacionados à gravação sonora no país lusitano, incluindo a introdução do fonógrafo e da gravação em disco, o surgimento da indústria discográfica, o desenvolvimento dos diferentes formatos de gravação e a evolução da distribuição musical. Além disso, Portela analisa os principais artistas e gêneros musicais que marcaram a história da gravação sonora em Portugal e descreve como a música portuguesa influenciou e foi influenciada pelas tendências musicais internacionais. Trata-se de uma valiosa fonte de informações para quem deseja compreender o papel da gravação sonora não apenas no caso português, mas também na indústria musical global. Para o leitor brasileiro, é um recurso muito interessante para a compreensão técnica e histórica do universo dos registros sonoros e equivale, a seu modo, ao que ocorreu no Brasil no mesmo período.

DÂNGELO, N.; SOUZA, S. S. G. de (Org.). **Noventa anos de rádio no Brasil**. Uberlândia: Edufu, 2016.

Noventa anos de rádio no Brasil reúne artigos de diversos autores que abordam a história do rádio no país, desde sua chegada em 1922 até os dias atuais. Dividida em três partes, a obra enfoca a evolução da radiodifusão, seus principais marcos históricos, suas transformações tecnológicas e os impactos sociais e culturais causados por ela no Brasil. Entre os temas discutidos no livro estão a regulação da radiodifusão, a relação entre rádio e política, a programação e os gêneros radiofônicos, assim como a publicidade e a influência das rádios na formação cultural e identitária do povo brasileiro. Os autores também discutem as perspectivas desse meio diante das novas tecnologias e plataformas de mídia. Com uma abordagem multidisciplinar, o livro oferece uma visão ampla e aprofundada da história do rádio até a contemporaneidade.

SANDRONI, C. **Feitiço decente**: transformações do samba no Rio de Janeiro (1917-1933). Rio de Janeiro: J. Zahar; Ed. da UFRJ, 2001.

As transformações do samba no Rio de Janeiro perpassam contextos históricos muito bem abordados pelo autor Carlos Sandroni.

Nessa obra, o autor disserta sobre polcas, fados, maxixes e choros, até chegar à casa de Tia Ciata, na Praça Onze, considerada o berço do samba, onde foi criado o famoso samba "Pelo telefone". Trata-se de uma referência obrigatória nos estudos da música popular brasileira.

PASCOAL, H. **Calendário do som**. São Paulo: Senac, 2000.

Compondo uma música por dia, durante um ano, Hermeto Pascoal criou 366 partituras que refletem a genialidade e a versatilidade desse artista brasileiro. Intrigante, a obra do compositor é imortalizada nesse caderno de partituras, que propõe um mergulho diário. Desde 2008, o material é livre de direitos autorais, sendo concedido pelo artista a todos os músicos.

COSTA NETTO, J. C. **Direito autoral no Brasil**. 3. ed. São Paulo: Saraiva, 2018.

Nesse livro, José Carlos Costa Netto aborda a trajetória histórica dos direitos de obras intelectuais e sua ampla diversidade, além de temáticas como direitos patrimoniais e morais, limitações, direitos conexos aos de autor, contratos típicos e atípicos, gestão coletiva e o controle do aproveitamento de obras intelectuais em suas diversas formas de utilização, violações e consequentes danos autorais e sua reparação, assim como a aplicação dessa legislação em conteúdos digitais.

RITTO, B.; GANDELMAN, M. **UBC 70 anos**: o autor existe. Rio de Janeiro: UBC, 2012.

> Esse livro traz uma série de entrevistas com diversos autores, além de depoimentos e imagens históricas que retratam a defesa dos direitos autorais de música no Brasil. Ainda, os autores abordam aspectos importantes a respeito da história da música brasileira.

ZIMMERMANN, N. **Fair Use, Samples e Covers**: entre obras musicais e direitos autorais. London: Novas Edições Acadêmicas, 2019.

> Nessa obra, a autora problematiza a regulamentação do uso legal de *samples* e *covers* no cenário musical atual, especialmente no contexto brasileiro. Além disso, Natalia Zimmermann apresenta como alternativa aos problemas existentes a adoção do modelo do *fair use* (uso justo). A autora também trata da Lei de Direitos Autorais e, em seguida, detalha os termos *sample* e *cover*.

SÁ, S. P. **Música pop-periférica brasileira**: videoclipes, performances e tretas na cultura digital. Curitiba: Appris, 2021.

> O livro narra a ascensão do *funk* e de outros gêneros musicais pop-periféricos no Brasil no contexto da cultura digital. Resultado de uma pesquisa extensa da professora e pesquisadora Simone Pereira de Sá, esse estudo acompanha as transformações da música brasileira em relação às plataformas digitais, com foco nos videoclipes de gêneros musicais das periferias das grandes cidades brasileiras.

DIAS, M. T. **Os donos da voz**: indústria fonográfica brasileira e mundialização da cultura. São Paulo: Boitempo, 2000.

> A obra *Os donos da voz* trata de questões instigantes sobre a produção independente e a difusão musical via internet, procurando estimar o impacto das novas tecnologias na manutenção do poder das grandes companhias da indústria. Além disso, a autora demonstra que são donos da voz não somente os grandes conglomerados empresariais, mas também todos os agentes envolvidos na produção de músicas, mesmo os que ainda não têm acesso à grande difusão.

BARBOSA DA SILVA, F. A.; ZIVIANI, P. (Org.). **Políticas públicas, economia criativa e da cultura**. Brasília: Ipea, 2020. Disponível em: <https://repositorio.ipea.gov.br/handle/11058/10241>. Acesso em: 8 dez. 2023.

> *Charts* de música, cenário independente, *plays* e mais *streams*. Esse livro apresenta pesquisas atualizadas sobre políticas públicas no âmbito da cultura. Cabe destacar que o terceiro capítulo, de Daniela Ribas Ghezzi, aborda as complexas dinâmicas que envolvem os festivais de negócios na música, a partir do caso da SIM SP, festival que acontece desde 2013 na capital paulista. Os exemplos apresentados pela autora podem aprofundar seu conhecimento em diversas áreas da produção musical na atualidade.

BOTELHO, I. **Dimensões da cultura**: políticas culturais e seus desafios. São Paulo: Sesc, 2016.

> Nesse livro, a pesquisadora Isaura Botelho discute a amplitude da dimensão econômica da cultura e a política cultural pautada pela

sociologia da cultura, mediante informações socioeconômicas vinculadas às práticas culturais dos indivíduos.

JANOTTI JR., J. S.; LIMA, T. R.; PIRES, V. de A. N. (Org.). **Dez anos a mil**: mídia e música popular massiva em tempos de internet. Porto Alegre: Simplíssimo, 2011.

> A partir de uma diversidade de recortes, essa obra reúne um compilado de artigos importantes sobre a indústria da música. Com a participação de 12 autores, a publicação se divide em duas seções: músicos, cenas e indústria da música; e práticas de consumo musical.

NATALE, E.; OLIVIERI, C. **Guia brasileiro de produção cultural 2010/2011**. São Paulo: Sesc, 2010.

> Embora publicado em 2010, o *Guia brasileiro de produção cultural* continua sendo uma importante referência na aplicação prática do ofício de produção.

AVILA, M.; VLAD, V.; PENA, R. **Crowd**: o guia do financiamento coletivo para autores e editores de livros. São Caetano do Sul: Wish, 2020.

> Essa obra apresenta um passo a passo sobre financiamento coletivo para livros e publicações independentes, passando pela trajetória histórica até o guia de aprendizagem. O material aborda

diversas estratégias importantes, com foco na entrega profissional de materiais de alta qualidade.

BARBOSA, R. R. M. de O. **Spotify como ferramenta de construção do gosto**: um estudo sobre os efeitos do consumo de conteúdos recomendados por inteligência artificial. 98 f. Dissertação (Mestrado em Ciência da Computação) – Universidade Federal de Pernambuco, Recife, 2022. Disponível em: <https://repositorio.ufpe.br/bitstream/123456789/45869/1/DISSERTA%c3%87%c3%83O%20Renata%20Regina%20Menezes%20de%20Oliveira%20Barbosa.pdf>. Acesso em: 8 dez. 2023.

Pierre Bourdieu trouxe contribuições importantes sobre as questões sociais que envolvem nossos gostos. No entanto, o advento das plataformas de *streaming*, que utilizam essas tecnologias para "auxiliar" os usuários, gera consequências. Sob essa ótica, nessa dissertação, Renata Barbosa aborda quais são os impactos da inteligência artificial no consumo cultural e como funcionam essas ferramentas que, de certa forma, acabam massificando ou, até mesmo, moldando o consumidor.

ITO, L. de L. **Músicos conectados, fãs colaborativos**: uma análise do site MySpace. 141 f. Dissertação (Mestrado em Comunicação) – Universidade Estadual Paulista "Júlio de Mesquita Filho", Bauru, 2011. Disponível em: <http://hdl.handle.net/11449/89475>. Acesso em: 8 dez. 2023.

Essa pesquisa apresenta elementos sobre a interatividade entre artistas (consagrados e independentes) e usuários não artistas na plataforma MySpace durante o tempo em que foi uma rede social focada em música.

RESPOSTAS

Capítulo 1
Atividades de autoavaliação

1. a
2. c
3. a
4. a
5. b

Capítulo 2
Atividades de autoavaliação

1. c
2. a
3. c
4. b
5. c

Capítulo 3
Atividades de autoavaliação

1. c
2. c
3. d

4. e
5. b

Capítulo 4
Atividades de autoavaliação

1. a
2. a
3. d
4. b
5. e

Capítulo 5
Atividades de autoavaliação

1. a
2. d
3. b
4. e
5. c

Capítulo 6
Atividades de autoavaliação

1. b
2. c
3. b
4. c
5. b

SOBRE OS AUTORES

Isadora Rodrigues Moreira da Silva é mestra em Cultura e Sociedade pela Universidade Federal da Bahia (UFBA) e graduada em Licenciatura em Música pela Universidade Estadual do Paraná (Unespar). É integrante do grupo de pesquisa Observatório de Economia Criativa da Bahia (Obec-BA). Atua como produtora cultural, pesquisadora e parecerista de projetos culturais vinculados à área da música. Em 2020, recebeu o Prêmio "Jornada em Reconhecimento à Trajetória de Profissionais da Área da Cultura", da Secretaria de Comunicação e Cultura do Estado do Paraná.

Otavio Zucon é mestre em História Cultural pela Universidade Federal do Paraná (UFPR) e graduado em História pela mesma instituição. É professor, videodocumentarista, escritor e pesquisador do patrimônio cultural material e imaterial nacional. Na área da música, tem especial interesse por temas ligados às mídias físicas e à história da música gravada. É colecionador de discos e desde 2000 também atua no universo das discotecagens em vinil.

Impressão:
Maio/2024